墨香财经学术文库
“十二五”辽宁省重点图书出版规划项目
辽宁省社科基金重点项目（L15AJL007）

Research on Green Collaborative Innovation Network of Advanced Equipment Manufacturing Industry in Liaoning Province

吴 荻 ◎ 著

辽宁先进装备制造业绿色协同创新网络研究

东北财经大学出版社 Dongbei University of Finance & Economics Press 大连

图书在版编目（CIP）数据

辽宁先进装备制造业绿色协同创新网络研究 / 吴荻著. —大连：东北财经大学出版社，2022.5
（墨香财经学术文库）
ISBN 978-7-5654-4515-6

Ⅰ. 辽… Ⅱ. 吴… Ⅲ. 装备制造业-绿色经济-协调发展-研究-辽宁 Ⅳ. F426.4

中国版本图书馆CIP数据核字（2022）第068053号

东北财经大学出版社出版发行
大连市黑石礁尖山街217号 邮政编码 116025
网　址：http://www.dufep.cn
读者信箱：dufep@dufe.edu.cn
大连永盛印业有限公司印刷

幅面尺寸：170mm×240mm　字数：167千字　印张：10　插页：1
2022年5月第1版　2022年5月第1次印刷
责任编辑：魏　巍　宋雪凌　徐　群　责任校对：张晓鹏
封面设计：冀贵收　版式设计：钟福建
定价：42.00元

教学支持　售后服务　联系电话：（0411）84710309

如有印装质量问题，请联系营销部：（0411）84710711

前　言

“十三五”以来，我国先进装备制造业在产业体量、产业体系、产业结构和产业创新方面都得到了长足的发展。目前，先进装备制造业的国际竞争日益激烈，与以往传统的竞争不同，现阶段先进装备制造业的竞争不仅体现在技术、工艺与设备方面，更是综合创新体系的竞争。先进装备制造业不仅需要不断突破工艺技术创新，还需要不断突破环境规制，实现产品环境友好性能的创新。因此，如何将先进装备制造业的创新与环保有机结合，实现先进装备制造业的绿色协同创新发展，就成为“十四五”时期发展的重要方向。

辽宁是中国重要的老工业基地，也是中国新工业的摇篮。目前，辽宁先进装备制造业占比达到60%以上，数字化研发设计工具普及率达到75%以上，其中航空装备、海工装备及高技术船舶、节能汽车与新能源汽车、重大成套装备已经处于国内发展的前列；高档数控机床、机器人及智能装备、先进轨道交通装备、集成电路装备产业也成为后续先进装备制造业的重点发展产业，形成了以沈阳、大连为中心，其他地区“专精特新”装备为配套的先进装备制造业产业发展格局。

在这种背景下，本书遵从理论与实践相结合的研究思路，尝试通过对辽宁先进装备制造业绿色协同创新网络架构的分析，从辽宁先进装备制造产业企业间信任机制以及学习机制入手，获取辽宁先进装备制造业企业间创新合作的实现路径与内在机制，并以此为依据提出辽宁先进装备制造业绿色协同创新的政策体系，以期为辽宁先进装备制造业的绿色创新发展提供理论支持和实践依据。

本书内容共分为六章：第1章是绪论。主要阐述本书的选题依据、研究内容、研究方法与意义。第2章是理论基础与文献综述。首先通过对协同创新理论、网络组织理论、产业共生理论和循环经济理论的分析，建立起辽宁先进装备制造业绿色协同创新研究架构的理论体系；其次，对辽宁先进装备制造业绿色协同创新的相关文献进行回顾，使后续研究建立在科学分析的基础上，突出研究的创新性。第3章剖析了辽宁先进装备制造业绿色协同创新网络的架构。通过对其边界、内涵与特征的分析，对其网络结构和行为进行梳理，识别出该网络的经济、创新和生态功能。第4章研究了辽宁先进装备制造业绿色协同创新网络的信任机制。通过统计分析方法，识别和确认辽宁先进装备制造业绿色协同创新企业间信任因素与绿色协同创新的行为表征，构建辽宁先进装备制造业绿色协同创新信任机制理论模型，并通过结构方程方法获取辽宁先进装备制造业绿色协同创新的信任机制模型及其形成机理。第5章研究了辽宁先进装备制造业绿色协同创新网络的学习机制。在获取辽宁先进装备制造业绿色协同创新网络学习因子的基础上，构建辽宁先进装备制造业绿色协同创新网络学习机制理论模型，并通过结构方程模型进行检验，分析辽宁先进装备制造业绿色协同创新网络学习机制的形成机理。第6章从财政政策、税收政策、金融政策、产业政策和科技政策五方面入手，基于绿色发展与产业创新的视角构建辽宁先进装备制造业绿色协同创新网络的政策支持体系。

本书为辽宁省社科基金重点项目“辽宁先进装备制造业绿色协同创新网络建设研究”（L15AJL007）成果之一。感谢所有参与本书调研的企业与个人，你们辛苦的付出使本书的研究计划得以顺利实现；感谢所有参考文献作者的研究，其相关研究成果为本书的写作提供了重要的依据；感谢所有参与本书校对的老师，成书之不易，校订之艰辛深有体会；感谢我的学生李坤、宋凯艳、李展、马佳在本书整理过程中付出的努力；感谢我的家人对我研究工作的理解与支持。

此外，由于篇幅限制，本书未能将参考文献全部列出，这也成为一种遗憾，希望大家能够谅解！

作　者

2022年3月

目　录

1 绪 论

1.1 研究背景

工业革命以来，由于科学技术的进步，人类的物质财富得到了极大的丰富。由于对资源和环境容量的有限性缺乏认识，人类在取得一个个成就的同时也付出了沉重的代价。严峻的现实迫使人类对自身与自然的关系进行深刻的反思，自从布伦特兰定义了可持续发展的概念以来，可持续发展就已经成为世界舆论关注的焦点。1972年斯德哥尔摩人类环境会议和1992年联合国环境与发展大会是这种新的发展观形成的两个重要里程碑。《关于环境与发展里约热内卢宣言》与《21世纪议程》等文献的签署，标志着可持续发展已经成为世界各国的共同认识。1996年美国制造工程师学会（SME）发布了《绿色制造蓝皮书》（Green Manufacturing），最早明确给出绿色制造的内涵，“绿色制造，又称清洁制造，其目标是使产品从设计、生产、运输到报废处理的全过程对环境的负面影响达到最小，其内涵是使产品生命周期的全过程均具有绿色性”。此后，我国学者整合上述相关理论的核心理念，提出了“循环经济”的概念，即通过对废弃物或废旧物资的循环再生利用来发展经济，其目标是使生产和消费过程中投入的自然资源最少，向环境中排放的废弃物最少，对环境的危害或破坏最小，也即实现低投入、高效率和低排放的经济发展。其开启了我国在政策、产业发展以及社会生活方面的理论与实践探索。

随着上述理论研究的不断深入，绿色化发展逐渐成为当今时代的主题，尤其是随着产业的蓬勃发展，产业网络化已经将区域内外的企业整合成为一个有机的经济体，而创新也成为这个经济体发展过程中需要不断突破的关键问题。随着经济与绿色化发展逐渐从矛盾走向统一，产业网络兼具经济与绿色发展的职能已经成为时代发展的必然要求。因此，制造业尤其是蕴含巨大发展潜力和肩负重要职能的先进装备制造业的绿色协同创新发展就成为区域发展的关键。辽宁地区由于具有良好的装备制造业基础，国家对辽宁先进装备制造业的发展高度重视，如何在实现辽宁先进装备制造业创新发展的同时考虑绿色发展是今后辽宁先进装备制造业亟待解决的问题。基于此，本书将研究重点聚焦于辽宁先进装备制造业企业，重点关注辽宁先进装备制造业绿色协同创新网络的结构、彼此间信任机制以及学习机制的内在作用机理，以期为辽宁先进装备制造业绿色协同创新的稳健发展提供理论支持和实践指导。

1.2 研究内容

本书围绕辽宁先进装备制造业绿色协同创新网络结构、信任机制、学习机制以及政策支持体系展开研究，具体的章节安排与研究内容如下：

第1章，绪论。本章节主要论述了本书的选题依据、研究内容、研究方法和特色之处，通过剖析研究背景以及对研究脉络的梳理，指出了本书所关注问题的理论和现实意义，并在介绍主要研究方法的基础上，阐述了本书的特色之处。

第2章，理论基础与文献综述。本章节通过对协同创新理论、网络组织理论、产业共生理论和循环经济理论研究脉络的梳理，指出了四种理论研究的发展趋势，并在总体评述的基础上揭示出它们对绿色协同创新研究的理论贡献。

第3章，辽宁先进装备制造业绿色协同创新网络的架构研究。本章首先界定了辽宁先进装备制造业绿色协同创新网络的边界与特征，通过对辽宁先进装备制造业绿色协同创新网络结构层级以及行为的分析，详细阐述了辽宁先进装备制造业绿色协同创新网络所具备的经济、创新、生态功能。

第4章，辽宁先进装备制造业绿色协同创新网络的信任机制研究。本章首先界定了辽宁先进装备制造业绿色协同创新的行为表征，并在分析辽宁先进装备制造业绿色协同创新网络信任因素的基础上，提出了相关的研究假设并构建了信任机制理论模型。通过实证研究的样本选择与数据收集、问卷设计、变量测度方法以及实证分析方法，从理论模型拟合优度指标和假设检验两方面分析了实证研究的结果，并进行了管理启示方面的深入探讨。

第5章，辽宁先进装备制造业绿色协同创新网络的学习机制研究。本章在分析辽宁先进装备制造业绿色协同创新网络学习因素的基础上，提出了相关的研究假设，并构建了学习机制理论模型。

第6章，辽宁先进装备制造业绿色协同创新网络政策支持体系研究。本章根据信任机制与学习机制模型的相关结论，深入分析了辽宁先进装备制造业绿色协同创新网络的财政支持政策、税收支持政策、金融支持政策、产业支持政策和科技支持政策。

1.3 研究方法和意义

1.3.1 研究方法

本书秉承理论与实践、规范与实证、定量与定性相结合的原则，在主要问题的研究方面，以广泛深入的文献分析为基础，并借鉴国内外的权威文献，提出概念界定和假设。在实证研究中，本书依托界定概念生成问卷题项，最终形成正式调查问卷。通过选取适宜的样本范畴，进行随机抽样、数据收集、数据处理与分析，之后运用SPSS 25.0和SmartPLS 3.0统计分析软件对理论模型和研究假设进行验证。以规范研究来获取研究问题和方案，在此基础上有计划、有目的地利用多种途径收集资料，形成政策体系研究范式。

1.3.2 研究意义

1）理论意义

本书重点关注辽宁先进装备制造业绿色协同创新网络的相关研究。首先通过对辽宁先进装备制造业绿色协同创新网络结构与功能的分析，获取辽宁先进装备制造业的组织架构，并基于实证研究方法重点分析辽宁先进装备制造业绿色协同创新网络信任机制和学习机制的形成路径与机理。这对辽宁先进装备制造业企业间的绿色合作、创新以及协同发展具有重要的理论价值。

2）实践意义

从实践方面看，辽宁先进装备制造业绿色协同创新网络架构的提出，为区域尽快实现制造业的可持续发展指明了方向。而关于其信任与学习机制的探讨以及相关政策体系的构建，则会使辽宁地区的企业、政府、公共服务机构等主体明晰各自的职责权限，同时也会为相关部门制定和完善先进装备制造业绿色化发展的政策、方针以及法律体系明确方向。可以说，开展辽宁先进装备制造业绿色协同创新网络的相关研究对我国区域层面产业创新与绿色制造具有积极的现实意义。

2 理论基础与文献综述

2.1 理论基础

2.1.1 协同创新理论

协同创新理论是在“创新理论”与“协同理论”的基础上产生的。随着经济全球化的不断发展，社会各领域为了实现经济利益的最大化，开始将协同创新作为推动经济发展的重要手段，这使得协同创新理论在不同领域得到了延伸与拓展。

1）协同创新理论的源起

19世纪七八十年代，资本主义的发展面临着经济内部矛盾、世界大战等一系列威胁，这导致许多学者对资本主义的形成和发展产生了极大的关注。人们开始意识到只有改变现有的经济条件和社会状况，才能确保资本主义社会持续稳定发展。在此背景下，1912年，Schumpeter第一次明确地提出了“创新理论”的思想。他把创新定义为：建立一种新的生产函数，把生产要素和生产条件相结合，产生一个新的组合，从而打破旧有的经济结构，创建新的经济结构。他将创新分为五种形式：一是引进新产品；二是引用新技术；三是开辟新市场；四是控制原材料新的供应来源；五是实现企业的新组织。20世纪50年代之后，经济学界在研究经济增长问题时，将“创新”引入技术领域中，希望通过技术创新来促进经济持续增长。在这一时期，出现了以Sollo为代表的新古典增长理论，其理论的创新点在于将资本与劳动两个变量引入经济增长中。20 世纪 70 年代以来，Mensch、Freeman 等人用现代统计方法对Schumpeter的创新理论观点进行了验证，并进一步发展创新理论，被称为“新熊彼特主义”和“泛熊彼特主义”。20世纪70至80年代，经济学界部分学者从系统学角度出发，研究了技术创新与其带来的经济发展成效之间的关系，在此基础上形成了国家创新体系理论。Freeman（1991）认为国家创新体系是指公共部门和私人部门中的机构网络，其活动及相互作用激发、引入、改变和扩散着新技术。20世纪90年代，从生态学角度出发，学者们将创新研究的焦点从关注系统中要素的构成转向关注要素之间、系统与环境之间的动态过程，由此引出了创新生态系统理论。Moore（1993）最早提出创新生态系统，即如同生物系统一样，从要素的随机选择不断演变到结构化的社群。从系统的角度来看，企业不再是单个产业的成员，而是横跨多个产业的生态系统的一部分。随着创新理论的不断发展与融合，21世纪初，协同创新概念应运而生。

协同创新的理论渊源还可追溯到协同理论。20世纪70年代初，德国理论物理学家Haken在深入研究激光以及其他的非平衡系统后发现，许多不同领域的有序结构的形成都具有一定的普遍规律性和共同特征，并且能够服从相同或者相似的数学方程。协同理论认为，千差万别的系统之间尽管存在着不同的属性，但是在整个环境之中，各个系统之间又会有千丝万缕的联系，这些联系使得这些系统相互影响而又相互合作。即使是最为普通的社会现象也是如此，不同的单位之间存在协调和配合，同一个单位的不同部门之间也存在一定的协调和配合。此后，协同理论在不断的发展中逐渐与“创新”结合起来，最后经过不断的演进、融合，形成了协同创新理论。

在创新理论与协同理论不断发展的基础上，2006年Peter首次提出“协同创新”的概念，即一个由自我激励的人员所组成的网络小组，具有集体愿景，借助网络分享与交流思想、信息及工作状况，合作实现一个共同目标。Serrano & Fischer（2007）从整合与互动两个维度分析协同创新体系，认为协同创新是一个“沟通—协调—合作—协同”的过程，从而为后续研究提供了一个分析框架。陈劲（2012）认为协同创新是以知识增值为核心，以企业、高校科研院所、政府、教育部门为创新主体的价值创造过程。此后，国内掀起了“协同创新”的热潮，彭纪生（2000）等较早从技术角度进行协同创新研究，认为技术协同创新就是各类创新资源以及各行为主体在技术创新过程的各个环节的协同整合。之后关于“协同创新”的研究开始大量出现于管理学领域。结合上述对协同创新定义的讨论，本书将协同创新定义为一种以知识增值为核心，企业、政府、知识生产机构和中介机构等为了实现重大科技创新而开展的大跨度整合的创新模式。它通过国家意志的引导和机制安排，促使企业、大学、研究机构发挥各自的能力优势，整合互补性资源，实现各方的优势互补，加速技术推广应用和产业化，协作开展产业技术创新和科技成果产业化活动，是当今科技创新的新范式。

2）协同创新理论的脉络

随着社会经济（包括网络经济）的不断发展，创新成为经济增长的重要推动力。企业与区域为了获得更好的发展，逐渐将协同创新纳入各自的领域，由此产生了企业协同创新、区域协同创新和协同创新网络等不同的协同创新理论。

（1）企业协同创新理论

协同创新是以知识增值为核心，企业、政府、知识生产机构和中介机构等为了实现重大科技创新而开展的大跨度整合的创新模式。随着经济社会和科学技术的不断发展，企业仅靠自身力量进行创新已不能满足其蓬勃发展的需要，因此协同创新成为企业创新的新趋势。企业协同创新就是以“企业”为主要研究对象，为了提高企业自身创新能力而形成的企业间创新模式。

纵观国内外学者对企业协同创新的相关研究可以发现，企业对协同创新的引入是多种多样的，不同的企业从不同的角度将协同创新应用到不同的方面。有些企业从区域经济持续健康发展的角度出发，构建了基于产业集群的协同创新系统，通过对协同创新系统中企业间竞合关系的动因、影响因素等的深入分析，实现了不同竞合关系类型下产业集群协同创新方式的选择。而一些小微企业在创新能力不足、自身资源缺乏的压力下，逐渐认识到只有与其他创新主体协作才能帮助自身提高创新能力，于是它们基于自身特点和需求，建立了小微企业协同创新模式。还有一些企业基于产业链现代化的视角，建立了存在一个上游企业和一个下游企业的产业链模型，分析上下游企业协同创新的各种情况，发现上下游企业协同创新会给产业链带来更大的利益。

综上所述，企业协同创新理论受到了国内外企业、学者的广泛关注，它正逐步地从小范围向区域、网络等更广阔的范围扩展，并具备了协同虚拟化的特征。

（2）区域协同创新理论

资本、劳动力和物质资源等传统经济驱动要素已经逐渐被创新所取代，创新已经成为推动区域经济发展最重要的因素。进入21世纪，创新为区域发展提供了竞争优势，区域开始成为国际分工的重要主体和参与全球经济一体化的经济利益体，区域协同创新是涵盖知识创新、技术创新、产业创新、服务创新等一系列创新的一个综合创新体系，它有利于对各地区的创新资源进行合理配置，促进各地区之间优势互补，从而推动区域经济发展。因此，区域协同创新已成为区域经济发展的重要推动力。

国内外学者对区域协同创新的研究首先是从相关理论与方法方面开始的。在理论方面，人力资本理论、新增长理论、创新网络理论和国家创新体系理论等先后被运用于协同创新研究中，并在此基础上提出了诸如欧洲创新环境理论和技术区等区域创新理论体系；在研究方法方面，能力结构关系模型、耦合协同度模型、SD方法等在区域协同创新领域获得了相对广泛的应用。之后部分学者基于区域协同创新机理与机制进行研究，许彩侠（2012）提出了一种新型的区域协同创新机制，即构建研究型大学、技术中介机构、中小企业以及政府“四位一体”的区域协同创新体系。高建新（2013）从市场需求拉动和技术开发推动两个维度探寻区域协同创新的形成机理。之后，研究者们专注于区域协同创新能力评价研究。贺灵（2013）运用数理方法对区域协同创新能力进行测度，结果表明：外部负熵流及协同实现机制的共同作用最终促使着区域创新系统迈向更高层次的有序结构。袁旭梅（2018）等结合云模型与概率优势关系，提出了基于云概率优势关系的多准则决策方法，并对高新技术产业区域协同创新能力进行了实证研究，探索了区域协同创新能力的水平及波动情况。近些年来，区域协同创新影响因素研究成为该领域的研究热点，高建新（2013）从学习因素、动力影响因素、竞争力提升因素和宏观环境因素四个方面分析了区域协同创新的影响因素。臧欣昱（2017）认为区域协同创新受外部因素区域创新环境、内部因素创新主体能力及内外结合因素创新主体距离三方面的影响。Yang & Cheng（2021）通过对中国专利数据库的计量经济学分析发现，区域间的生产联系可以促进区域协同创新能力的提高。

近些年，区域协同创新呈现出跨区域的趋势，主体之间的协同关系可能由线性关系转换为非线性关系，相互作用的路径呈现出复杂的网络结构。为了使跨区域协同创新更有效地开展，相关部门构建了跨区域协同创新平台，并且建立了指标体系，运用多种方法评价跨区域的协同绩效。在未来的区域协同创新发展研究中，协同创新合理的空间范围及其作用区域是一个重要议题。

（3）协同创新网络理论

在经济全球化的潮流中，为了推动产业转型升级，创新网络应运而生。学术界最初将创新网络定义为应对系统创新的一种基本制度安排，网络构架的主要联结机制是企业间的创新协作关系。创新网络促进了企业和其他机构之间知识与资源的互补，从而加速了企业的转型升级。

随着网络经济的发展，网络已经成为主要的生产要素，科技进步关系日益演变为一个复杂的创新网络。简单的线性分析方法已经不能全面、清晰地对创新进行理解，需要从协同、系统的角度对创新行为做出新的解释，即协同创新网络是最为有效、最为现实的创新组织。21世纪以来，国内外学者对协同创新网络的相关研究明显增加，首先关注的是协同创新网络的特征研究。Schilling & Phelps（2005）对 11 个行业级联盟网络中的 1 106 家公司进行研究，发现协同创新网络具有网络强度性特点。唐丽艳（2009）等以科技型中小企业为主要研究对象，发现了协同创新网络的开放性、动态性等特征。王海军和冯军政（2017）对生态型协同创新网络的典型特征进行概括，认为其包括自组织、共同演化、能力互补等一系列特征。之后学者们开始关注协同创新网络的概念界定。Kapoor（2013）认为协同创新网络中的行为主体通过正式或非正式的制度安排进行协同创新并传递显性或隐性知识。范群林（2014）、戚湧（2015）等分别对企业内外部协同创新网络、产学研协同创新网络等多种类型的协同创新网络进行界定。张晶（2016）等在生态系统理论视角下，结合生态群落的开放性、动态性等特征，对协同创新网络进行界定，并构建了相应的演替阶段模型。近些年来，学者们的研究热点开始集中于协同创新网络研究方法方面。游达明（2015）等应用 Vensim DSS 软件对创新网络能力与创新网络绩效等相关变量进行仿真模拟，发现了研究经费投入、企业与地方政府合作力度以及供应商合作力度与创新网络绩效的关系。黄海霞和陈劲（2016）采用社会网络分析方法，构建了以知识协同为途径的协同创新网络运行模型。Wang & Yang（2021）等通过社会网络分析方法，基于协同创新网络视角，对绿色建筑领域进行研究，发现传递性随着时间推移而降低，而网络异构性逐渐增强，不同组织之间的连接更多地依赖少数关键企业或机构。

企业协同创新网络对创新活动和创新绩效的影响是一个系统、长期的过程，企业开始意识到要拥有良好的内外部资源的同时，还需要不断地获取网络外部的创新资源，形成自身所特有的竞争优势，不断提升自身对新知识、新技术及新产品的适应能力，从而加速企业的创新行为。此外，政府在企业协同创新网络发展的过程中始终扮演着重要角色，政府通过对资源的合理配置来促进协同创新的发展，而且政府还制定了相应的政策来营造一个稳定、安全的发展环境。最令企业感到安心的是政府建议各创新主体共同承担创新风险。企业在对协同创新网络进行更深入的了解和研究之后，将会以更加合理、有效的方式利用和发展协同创新网络。

3）协同创新理论的发展趋势

从近些年协同创新理论的发展情况来看，协同创新理论未来的发展会呈现出以下三个趋势：一是将协同创新理论运用于高校思想政治理论教育中，探讨高校思政教育的创新路径，该类研究会对高校思想政治工作的开展起到借鉴和参考作用。例如，姚黎英、杨帆（2019）等基于协同创新理论，提出了对高校思想政治理论教学进行改革和创新的相关理论和途径。二是基于创新生态系统视角，对企业、区域创新绩效的提升路径进行研究，致力于为企业、区域等提供更多适合其创新发展的路径方式。伍静（2019）以创新生态系统为切入点，分析了企业在系统中的生态位特征对跨组织技术协同创新绩效的影响，进一步明晰了二者关系的作用机理，丰富了与创新生态系统理论、技术协同创新等相关的研究，为企业与外部组织开展技术协同创新进而提升创新绩效提供了有益的实践启示。赵烨楠、陈阳（2020）等在创新生态系统视角下，分析了现阶段京津冀协同创新发展面临的主要问题，通过对相关理论进行梳理，从不同层面提出了针对性对策，进而有效地改善了该地区的协同创新水平。三是基于政府驱动视角，对协同创新发展进行研究，厘清了政府在协同创新过程中的职能所在。例如，赵伯艳、胡亚楠（2021）等主张政府可以“会展+”文化产业、新兴产业、优势产业为产业协同的重点方向，围绕保障、调节、助推三大作用机制，充分发挥自身在整体规划、产业监管、要素供给方面的作用，为“会展+”产业协同发展创造良好的环境。

2.1.2 网络组织理论

在信息技术和经济全球化发展的大背景下，组织理论与网络理论不断发展融合，最终形成了网络组织理论。网络组织有利于组织间信息、技术等的交流与协作，推动了组织创新能力与经济水平的提高。随着网络组织理论的不断发展，企业根据自身需要逐渐将网络组织纳入其发展过程中，进而推动了企业网络理论的产生。此后，网络组织理论中治理问题成为企业创新发展关注的焦点，网络治理理论应运而生。

1）网络组织理论的建立

“组织”一词，最早源于希腊语，原意是指和谐、协调。现代意义上的组织始于18世纪末，意指为特定目的而做出的系统安排和布置。从名词概念来看，组织是由若干个人或群体所组成的、有共同目标和一定边界的社会实体。它包含三层意思：一是组织必须是以人为中心，把人、财、物合理配置为一体，并保持相对稳定而形成的一个社会实体。二是组织必须具有为本组织全体成员所认可并为之奋斗的共同目标。三是组织必须保持一个明确的边界，以区别于其他组织和外部环境。组织与人类社会是相伴而生的，随着人类社会的发展，组织也经历了一个从低级到高级、从简单到复杂的演进过程。在现代社会，组织已通过各种形式普遍存在于社会的各个领域和阶层中，逐渐形成了以组织为研究对象的理论知识体系，主要关注组织的结构、职能、运行以及组织成员的心理、行为等，并以揭示其规律性为主要研究内容。自Taylor19世纪末20世纪初开辟了组织理论以来，系统的组织理论研究大致经历了古典组织理论、行为科学组织理论以及现代组织理论三个阶段。古典组织理论产生于20世纪初，研究方向和重点主要集中于组织内部分工与活动安排以及组织的结构化形式问题。代表人物Weber提出了官僚组织模式，即“层级制结构中的每一职位都是构成完整的组织形态不可缺少的因素”。在此结构中有明确的分工制度，为完成工作目标，每一职位都具有相当的法定权力，各种工作规定以及法规都以法定公式确立下来，行政权和立法权分离；每一层级的管理人员都必须具有特殊的才能和经过特殊的培训，人员的选拔需要通过公开竞争考试进行，每一职位都必须有明确规定的职责范围；职位不属于私人所有。古典组织理论的发展为现代组织结构与功能的确立做出了重要的贡献，但同时也存在一定的研究缺陷，如这一时期将效率认定为组织评价的唯一标准，而忽略了效率以外有关人的价值及组织环境的价值问题。

为了弥补古典组织理论研究的缺陷，20世纪20至40年代，组织理论研究迎来了行为科学组织理论时期，人们开始将人际关系、经验主义、组织与环境的相互关系等纳入研究视野，通过对组织从内到外的考察，促进组织理论研究的均衡发展。但这一时期形成的理论依然是片面的，研究对象主要局限于企业组织，在研究中过于强调非正式因素，而忽视了组织的正式结构。20世纪中期，以系统论为指导的现代组织理论逐步登上了历史舞台。现代组织理论把组织看成一个开放的系统，它不仅从组织内部来分析组织各部分系统的特点及其相互关系，而且着重研究组织与外部环境的相互作用。它把着眼点由组织内部转移到外部，并由组织被动适应环境变为组织对环境的影响。系统组织理论认为系统是一个开放的具有整体性的社会技术系统，代表人物有Horseman、Castro等。Horseman（2001）的社会系统模型认为，任何社会组织都处于物理、文化、技术的环境之中，这些环境决定着社会系统中人们的活动和产生的相互作用。Castro（2003）认为组织是一个人造的、开放的系统，它由各个子系统组成，各个子系统之间通过输入输出关系构成一个完整的系统，而且只有适应了环境的变化，组织才能生存下去。现代组织理论在一定程度上综合了古典组织理论和行为科学组织理论的观点，它既看到了人的因素，又重视结构的作用，它将二者结合起来，试图重新设计组织。

“网络”一词最早源于电学，《现代汉语词典》（1993年版）将“网络”解释为“在电的系统中，由若干元件组成的用来使电信号按一定要求传输的电路或这种电路的部分”。网络理论起源于图论，1845年Kirchhoff应用图论和矩阵理论证明了电网络中两个重要定律，即基尔霍夫电流定律和电压定律，不仅为图论的发展做出了贡献，也奠定了网络理论的基础。随着社会经济的不断发展，网络理论逐渐扩散到其他领域。社会网络理论发端于20世纪30年代，成熟于20世纪70年代，是一种新的社会学研究范式。较成熟的社会网络的定义是Wellman于1988年提出的，他认为，“社会网络是由某些个体间的社会关系构成的相对稳定的系统”，即把“网络”视为联结行动者的一系列社会联系或社会关系，它们相对稳定的模式构成社会结构。随着应用范围的不断拓展，社会网络的概念已超越了人际关系的范畴，网络的行动者既可以是个人，也可以是集合单位，如家庭、部门、组织。

随着“组织”理论与“网络”理论的不断融合发展，20世纪下半叶，组织研究中出现了网络范式。伴随信息技术与经济全球化的发展，越来越多的企业采用企业间协调的方式来组织交易和生产活动。这种企业间的协调区别于传统企业科层结构和单纯市场机制的中间组织方式，这种组织方式有多种称谓，如“网络组织”“组织网络”“战略网络”“混合组织”“准企业”等，尽管这些概念之间有或多或少的区别，但它们都是一种与科层、市场并不相同的关系形式。Miles & Snow（1986）将网络组织定义为在价值链的各个点上做出贡献的若干企业集体资源的结合。Johanson & Mattson（1990）则认为网络组织是企业之间相互作用关系的复杂组合，是长期的、有目的的组织安排，它使企业获得长期的竞争优势。Baker（1992）认为网络组织是一个社会网络，它突破了正式组织的边界，消除了正式群体和部门的限制因素，形成了不同类型的人际关系。Podolny & Page（1998）从跨组织的角度来界定网络组织，认为不同组织之间以“互相依赖”为纽带紧密联结在一起，以提高网络组织的可依赖程度和满足大规模的生产需要。Achrol & Gundlach（2014）指出网络组织和系统竞争挑战竞争政策和反垄断法，认为网络是市场营销和创新的强大引擎。Guo（2021）基于人工智能和模块化企业大数据，构建了企业的网络组织战略管理模型，确定了基于企业战略与绩效管理模式的四种不同匹配方法，并提出了相应的假设。

国内学者对网络组织理论的研究起步相对较晚，是从20世纪90年代末开始的。杨小凯等（1998）从分工和专业化演进的角度探讨了企业分工网络的形态和规模问题。李新春（1998）系统考察了企业网络的生成与市场发育过程后，认为网络组织是组织之间的合作关系，而这种关系的实质是企业之间的分工贸易，是组织行为而非个人行为。王询（1998）在《论企业与市场间的不同形态》中指出：“企业与市场之间存在一片模糊的中间地带。在这一中间地带，各个不同的行为者之间既存在市场交易关系，也存在各种非市场的联系，而且至少有某些经济联系不是通过经济交易，而是通过非经济关系实现的。”罗仲伟（2000）认为网络组织是以专业化联合的资产、共享的过程控制和共同的集体目标为基本特性的组织管理方式。石建中、康伟等（2011）深入分析在线旅游企业网络组织的商务业态、产生原因及运行特征等，揭示了在线旅游的本质和运行规律。梅莉（2015）从复杂系统学科视角重新对网络组织进行了界定，对网络组织的逻辑起点、特征、形成机理、演进、运行等方面进行研究和理论归纳，从而构建出网络组织的理论框架。盖博（2016）基于网络组织的特征，通过研究供销社网络组织发展现状，指出其传统的网络优势在逐渐减弱，并从其内外部运行机制创新的角度，进一步丰富网络组织理论，提出供销合作社新的改革与发展思路。李亚光、卢彬彬等（2017）基于网络组织这一组织形式对研发协同创新机制进行研究，提出从战略、契约、资源、利益分享、持续改进五个方面构建研发协同创新机制。黄晓芬、彭正银等（2018）在梳理管理者认知与网络组织演化概念的基础上，从基本要素、演化原因、演化的认知驱动要素和认知模式四个方面对网络组织的研究进行了总结和评述，并对管理者认知与网络组织演化关系领域未来的研究进行展望。

基于此，本书将网络组织的概念界定为企业及社会组织之间跨边界的资源整合过程所形成的以各种经济性连接为纽带的分工协作系统。这种系统是由社会分工与商品交换所形成的能诱发各种交互作用的社会经济系统。严格地说，它是经济联系的一种发展形式，是经济联系在组织上的表现。

2）网络组织理论的发展

网络组织理论在发展过程中逐渐拓展到不同的领域，在与经济学领域的融合过程中形成了企业网络理论。随着网络化、信息化的不断发展，网络治理理论应运而生。

（1）企业网络理论

20世纪70年代末，随着网络组织在实践中的迅猛发展，其逐渐成为社会学、经济学、管理学的重要探索领域，从而有力地推动了企业网络理论的产生和不断发展。

关于企业网络的概念，国内外学者从不同的角度进行了相关界定。Thorelli（2011）认为企业网络是介于市场和层级制之间的制度安排和交易治理模式，是市场和企业之外的第三种资源配置方式。Randor（2011）认为企业网络是一种节点之间保持一定程度持续联系的模式，网络中的节点代表不同的组织单元，这些单元可以是各个企业或企业内的分支机构。杨瑞龙（2004）认为企业网络是由两个或两个以上独立的企业通过正式契约和隐含契约所构成的互相依赖、共担风险的长期合作的组织模式。杨蕙馨等（2005）认为企业网络是由一组自主独立而且相互关联的企业及各类机构为了共同目标，依据专业化分工和协作建立的一种长期性的企业间的联合体。在企业网络的研究方面，首先，有学者从战略管理角度研究企业网络，包括Casseres（1996）、Jarillo（1993）、Nohria（1997）、Eccles（1981）等。他们沿袭经典战略管理理论的“环境-战略-结构”范式，既强调网络作为一种组织结构，也肯定网络作为一种战略行为的意义。此后，Kranton（2000）、Minehart（2000）等开始从交易费用经济学的角度研究企业网络，他们运用交易费用经济学分析方法发现，在“企业-网络-市场”框架下，企业网络不同于单纯的企业或者市场，是一种处于企业和市场之间的制度安排。随着企业网络的运行发展，网络治理问题成为研究者们关注的焦点。Powell（1990）研究了不同网络组织形式的治理模式，认为经济组织的互动模式可以分为市场、层级以及网络三种，市场模式的规范机制是价格，层级模式的行动逻辑是权威，而网络式交易模式的运作逻辑是信任，组织间具有高度依存性。Sturgeon（2001）从价值链的角度总结了生产网络的三种治理模式：权威型、相关型和虚拟型。总体而言，当前企业网络研究的主要任务在于建立清晰、完整的理论框架，并在此基础上逐步丰富各个领域的研究内容。

（2）网络治理理论

随着全球化和后工业化进程的加快发展，社会治理面临着巨大的挑战，Williamson等学者和以世界银行为代表的许多组织为了解决这些问题提出了一种新型治理理论——网络治理理论。

网络治理理论所指的网络并非特指互联网。从起源看，网络治理是企业管理的一种新思维，是一种不同于传统的科层治理和市场治理的新治理形式。后来，网络治理思路扩展到了公共管理领域，如Goldsmith & Eggers等（2013）认为网络治理是通过公私部门合作，非营利组织、营利组织等多主体广泛参与提供公共服务的一种全新的治理模式。德国Planck学派认为，网络是一种制度架构，并且是一种非正式的制度架构。在网络中，行动者之间呈现的是非正式的、非科层的、互惠的和相对稳定的关系，并以此实现共同利益。在这个过程中，行动者遵循共同的规则对网络成员的行为进行制约，以产生共同的结果。近年来，网络治理成为国内公共管理领域关注和研究的热点话题，出于理论探索和实践的需要，越来越多的学者加入这个领域的研究队伍中。网络治理的研究从理论研究发展为多领域的应用研究，用以阐述当前我国治理实践中政府、企业、社会等多元主体的协同现象。例如，有的学者通过网络治理说明社区治理模式的异质性，有的学者研究网络治理视角下政府如何做出回应，也有学者关注政府如何通过购买社会救助服务开展网络治理。总体来说，网络治理研究对政府改革、社会治理的理论创新都具有前瞻性意义。

目前，网络治理理论还处在初期的探索阶段，国内外各领域的学者主要专注于对其内涵的探究。在未来的研究中，学者们可以将网络治理理论运用到实践中以解决相关问题，也可以将网络治理理论拓展到其他领域促进跨领域协同发展。

3）网络组织理论的新动态

从近些年网络组织理论的发展情况来看，网络组织理论未来的发展呈现出以下两种趋势：一是网络组织理论被应用到生物精神学中，研究者们通过分析认知功能和脑网络结构，为神经和脑疾病问题的解决提供治疗方案。Liu & Xu等（2020）通过研究证明，与健康对照组相比，重度抑郁症患者的网络结构特征受损，最优网络结构的破坏可能是重度抑郁症患者抑郁症状和情绪障碍背后的机制。Benjamin等（2021）评估了儿童脑瘤患者的功能网络结构、认知表现和脑行为关系，通过定期临床访问观察，发现功能网络组织的变化可能为儿童脑肿瘤患者认知功能的长期变化提供了理论支持。二是部分学者开始将网络组织理论引入第一产业中，以粮食、农场、农产品等为主体，从网络组织视角出发，梳理各主体的产业化模式并提出优化路径。邓晴晴、李二玲（2021）从网络组织视角出发，梳理了中国粮食产业化模式并提出了优化路径。林翊（2021）指出家庭农场作为一种新型的农业经营主体，是实施乡村振兴战略的重要路径，他通过探索家庭农场产业链经营主体的创新发展，构建家庭农场共生网络组织体系，以期实现家庭农场产业链上主体的利益均衡，助推乡村振兴战略。

2.1.3 产业共生理论

1）产业共生理论的产生

产业共生理论是由生态学中的生物共生衍生形成的，是生态学与产业经济学的有机结合。“共生”是生态学的一个基本概念，最早由德国生物学家Debary于1879年提出。它是指出于生存需要，两种或多种生物基于“互利”的前提，通过物质、能量的交换建立物质共享和空间共栖，形成相互依存、协同进化的关系。而产业共生与生态学中的共生的相似性在于通过不同经济体间的合作和竞争，共同提高经济体在适者生存的市场环境中的生存能力和盈利能力，并且通过这种共生依赖关系实现对生产资源的节约以及环境保护。共生理论认为共生包括共生单元、共生模式和共生环境三个要素。其中，共生单元是基础，共生环境是条件，共生模式是关键。产业共生理论中的共生单元是指产业中相互合作的企业，共生模式是指企业合作的模式，共生环境是指企业合作的产业环境。共生理论在生态学中广泛应用的同时，社会学家也把该理论引入社会学的研究领域。从20世纪中期开始，共生理论逐步应用到了经济领域。“产业共生”一词最早出现在1947年的《经济地理杂志》上，当时，作者Renner在描述不同产业之间的有机关系时首先使用了“产业共生”一词。在国内，袁纯清（2002）最早将共生理论引入经济学研究领域，认为经济学视角下的共生特指经济主体之间存续性的物质联系，这种物质联系在抽象意义上表现为共生单元之间在一定的共生环境中按某种共生模式形成的关系。在后续的几十年内，“产业共生”一词并没有引起大家的广泛重视。1989年产业生态学诞生以后，“产业共生”这一概念才开始受到关注。

产业生态学是人类在经济、文化和技术不断发展的情况下，可以有意识地、理性地接近和保持理想承载能力的学科门类。1989年美国通用汽车公司的副总裁Frosch和Gallopouosl正式提出了“产业生态学”的概念。随后Hawken（1993）定义了产业生态系统，他认为产业生态系统是与自然资源系统相配合的人造的生态系统，是实现一体化管理的一种工具。Cote（1995）则认为产业生态学是一门关注工业发展的科学。它提倡可持续发展，鼓励保护资源，强调生产材料、生产者、消费者、分解者之间的网络关系，提倡废物的加工与处理，提高企业的资源利用效率。它是站在资源瓶颈和环境约束的角度审视人类生产活动与其依存的资源和环境之间的关系的一门新兴交叉学科，主要研究企业行为、企业之间的关联、产业与其依存环境的关系。产业生态学的目的是认识和优化这种关系，从而实现人类生产活动的高效性、稳定性和持续性。

产业共生主要是借鉴自然生态系统的共生概念，并渐渐发展、衍生而来的。Froseh等（1995）最先提出了比较具体的产业共生的概念，思路来自对产业生态系统的研究。他们提出产业共生最主要的表现就是优化了产业链各阶段的能量和物质消耗，产业链上一个阶段的输出作为产业链下一个阶段的原材料进行投入。Engberg（1993）认为产业共生是企业通过产业链相互利用副产品而形成的各种合作的网络关系。Hakansson（1987）提出为了实现产业共生关系，产业共生中的企业都需要具备共生的合作潜力，企业之间能够通过物质、信息等资源活动的交流而形成正式合作或非正式合作的关系。Ehrenfeld & Gertler（2000）认为产业共生是指企业间可以相互利用废物以降低环境负荷和废物处理费用，从而建立一个产业循环系统。随后，学者们的研究开始强调产业共生中的物质交换，而不是共生企业之间的合作关系。Cowcher等（2002）的研究表明，由于地理上的接近性，共生企业之间的合作可能性提高了，他们认为产业共生是企业间物质、能源、副产品的物理交换。我国学者胡晓鹏（2008）认为产业共生的本质是企业间的合作，并针对这一理念重新定义了产业共生。他认为产业共生有两种含义：第一种含义是同种相似产业的不同价值经济体或者不同产业但相互之间具有经济联系的同类经济体之间的合作、互动和协调发展；第二种含义是同种类型产业之间或者相似的产业价值模块之间的合作、互动和协调发展。张萌（2008）将产业共生定义为企业间通过副产品、能源和水的物理交换，设备、服务、信息等的资源共享而形成的长期合作关系，从而实现经济和环境的双赢。王元亮（2012）认为产业共生是不同类型的企业之间相互合作，通过物质和能量的流动，实现中间物质及废弃物的交换利用、能量的梯级利用、资源环境的优化，以有效促进园区企业可持续发展的工业策略，是自然生态系统的共生效应在经济社会系统中的具体应用。产慧君（2017）认为产业共生是不同类型产业由于一定的经济联系在一定的组织内出现互动、融合的状态。

经济学视角下的共生特指经济主体之间存续性的物质联系，这种物质联系在抽象意义上就表现为共生单元之间在一定共生环境中按某种共生模式形成的关系。对于产业共生的概念，最为广泛接受的是丹麦卡伦堡公司出版的《产业共生》一书中的定义："产业共生是指通过不同企业间的合作，在共同提高企业的生存能力和获利能力的同时，实现资源节约和环境保护。"

2）产业共生的发展

（1）工业共生

以工业为核心的产业共生存在能源短缺或供应不畅的问题，但工业系统以非生物物质为主要资源，因而在工业型产业共生体系建立之初，能源成为关键。为此，以工业为核心的产业共生又可分为三种类型：物质型共生、能源型共生和混合型共生。

①物质型共生体系

物质型共生产业以物质的流动为核心相互共生。随着人类工业活动的不断成熟，这种共生体系正逐渐成为工业生态化的主要形式。物质型共生产业的规模大小主要取决于现有工业食物链的长短，而工业食物链的长短又取决于资源加工、利用的程度。

②能源型共生体系

能源在产业共生体系形成之初发挥着举足轻重的作用。事实上，Kalundborg共生体系从一开始就是以热电厂和炼油厂为中心组织的。这种产业的共生方式往往是产业共生的初级形式。随着人类在能源使用上的不断革新，水能、风能、太阳能等可再生能源正逐渐成为主要的能源使用形式。由于这类能源产生的副产品较少，因此会逐渐使这类产业退出前导产业类型，从而使能源型产业共生逐步退化。

③混合型共生体系

混合型共生产业相互间的联结以物质和能源两种途径实现。这是绝大多数产业共生体系的形式。Kalundborg产业共生体系也属于这种类型。由于能量流反映物质流的结构状态，所有物质流都伴以能量流。在产业共生体系中，物质和能量构成了产业链的核心和工业食物链的枢纽，而能量流自始至终处于辅助地位。

（2）产业共生网络

产业共生网络是通过物料、能源或信息等的传递所形成的企业间的复杂合作共生关系，是一种新型生产组织模式，是生态产业共生体构成的必要条件和核心内容，也是城市生态环境治理中推进生态产业建设和实施循环经济战略的基本要素。从组成要素方面讲，产业共生网络是由原材料加工厂、制造厂、废物回收处理场、再制造等形成的生态产业链；从空间角度来讲，产业共生网络也具有层次性，具体表现形式既可以是中观层面上的产业生态系统（生态产业园），也可以是宏观层面上的产业生态系统（区域间副产品交换网络）；从功能上来讲，产业共生网络通过内部节点企业之间的副产品交换、物质流和能量流的流动、资产和设施的共享实现经济效益、环境效益和社会效益的有机结合。

产业共生网络的主要表现形式是生态产业园的运作。生态产业园是指一个由制造业和服务业组成的网络群体，通过能源、材料、信息等的合作交流，实现生态环境和经济的双重优化和协调发展，最终取得高于个体节点效益之和的群体效益。由于产业共生网络形成路径的不同，产业共生网络运作模式也存在着差异性。王兆华（2002）将产业共生网络运作模式主要分为依托型产业共生网络运作模式、平等型产业共生网络运作模式、嵌套型产业共生网络运作模式和虚拟型产业共生网络运作模式。

产业共生网络作为产业共生的运作模式，其内涵常隐含在产业共生的定义之中。产业共生的交换或者共享要素包含两大类：一类是物质性要素，另一类是非物质性要素。物质性要素包含产品、副产品、废物以及基于资源共享的基础设施；非物质性要素包含服务、信息、知识和技术。事实上，不同的交换要素构成不同类型的产业共生网络，这些不同交换要素构成的产业共生网络相互作用，形成了复杂而完整的产业共生网络。因此，可以认为产业共生网络是通过物质、能量、产品、副产品、废弃物、知识、人力资源、技术之间的交换以及基础设施的共享等，使各合作产业主体获得各自的经济、环境或者社会收益而形成的合作共赢网络。在结构分析方面，国外主要针对网络组织模式及网络结构量化指标展开研究。Ashton（2008）结合社会网络理论、自然生态系统理论以及复杂网络理论分析产业共生网络结构化指标，包括节点的数量、分布和类型，节点的中心度，网络弹性等。Van等（2009）也结合网络分析方法提出网络结构量化指标，包括共生网络连接度和共生密度。国内学者主要应用社会网络分析、生态网络分析这两大方法进行园区尺度及城市尺度的产业共生网络结构分析。国外对产业共生网络属性的研究主要是从多样性、弹性、连接度、冗余度等方面展开，探讨产业共生网络的连接度、多样性、冗余度等属性与自然生态系统的对比以及这些属性与网络弹性的关系。国内初期对产业共生网络的研究主要是在学习国外产业共生网络基础理论的基础上，利用模型等定量化手段分析研究产业共生网络的弹性、复杂性、稳定性等内在属性。

（3）高技术产业共生

高技术是在科学、技术和产业融合发展的特定阶段涌现出来的具有高度战略性、增值性、渗透性、风险性、竞争性和时效性的技术群。高技术产业作为一个特殊的共生体，其共生性是在各个不同的层次上表现出来的。无论是高技术本身的共生性、高技术企业内部各个主体的共生关系、高技术产业链不同企业的共生，还是高技术产业与其他产业的融合共生以及高技术产业与产业环境的共生，都具有不同于其他产业的特殊性。

站在高技术企业的层次上，企业内部的共生单元主要是指高技术企业的经营管理者、核心技术持有人以及其他相关要素。高技术产业链上的共生关系是在传统产业经济学产业关联理论的基础上拓展的。高技术产业链上的共生单元主要包括上下游企业、旁侧企业，具体是指技术服务提供商、技术开发商、高技术生产型企业、知识服务型企业等。在共生关系中，除了传统产业中所具有的一些投入产出关系以外，高技术产业区别于传统产业一个重要的特点是它更加重视整个行业知识技术平台的构建和信息的交流。按照高技术产业链上不同企业共生关系的基础重点不同，可以将这种共生分为学习型共生和竞争型共生。学习型共生主要是指高技术产业链上的两家企业之间不是全面的正面竞争关系，而是有着共同的知识基础或知识需求，且双方共同的愿望也是相互学习，其大多发生在上下游企业之间。竞争型共生则主要指高技术产业链上的两家企业存在着较为激烈的正面竞争关系。这种竞争型共生主要发生在同行竞争者、旁侧企业之间，由于高技术产业内企业的竞争在很大程度上表现为技术的竞争，同一技术领域内同一水平上的各企业往往就某一关键前沿技术不停地进行研究开发。

产业共生在工业生态中的应用从简单的企业间资源的再利用和环境保护逐渐扩展到信息共享、技术交换以及理念交流学习等方面，形成一种新型产业组织形态。制造业、生产性服务业、物流业等产业间的技术外包和承包关系，通过技术交流、信息共享形成产业技术创新联盟等。产业共生强调在发展经济的过程中要注重资源的合理利用，共同提高产业的生存能力和获利能力以及实现对资源的节约和环境的保护。

2.1.4 循环经济理论

1）循环经济理论的形成

“循环经济”的概念最早来源于环境保护，是国际社会在追求社会经济可持续发展过程中倡导的一种可持续生产和消费理念。我国《循环经济促进法》将循环经济定义为在生产、流通和消费等过程中进行的减量化、再利用、资源化活动的总称。循环经济理念受到20世纪60年代兴起的环境保护思潮的影响，美国经济学家Boulding（1966）在著名的《即将到来的太空船——地球经济学》一文中率先使用“循环经济”概念，主要是指产品在从生产到消费的全过程中，从依赖消耗大量资源而推动经济增长的方式转变为通过对资源的循环利用来发展经济的生态化方法。随着人们对资源循环利用和污染物排放的关注，尤其是20世纪90年代，当可持续发展战略得到全世界各国的重视和认同后，人们不断地把相继提出的资源再生利用、清洁生产、节约能源和减少废弃物排放等统一归类为“减量化、再利用和再循环”的循环经济发展战略。该理念于1998年首次被我国生态经济学和产业生态学研究者引入，并逐渐成为中国绿色发展理论研究、政策研究和社会实践的热点。

学术界从资源综合利用、经济形态、技术范式、环境保护和经济增长方式等角度对循环经济做出了多种界定。冯之浚（1984）认为，发展循环经济是一次深刻的与生产过程末端治理模式有本质区别的范式革命，它强调从提高资源生产率、人力生产率转向重视自然资本。诸大建（2000）认为循环经济是一种善待地球的经济发展模式，与“高消耗、高排放”的线性经济不同。任勇（2005）认为，循环经济以“减量化、再循环、再利用和无害化”为特征，是一种生态型新经济发展模式。李文君（2013）认为，循环经济是对物质闭环流动型经济的简称，是一种以物质、能量闭环流动为基本特征，在资源环境方面表现为“资源高效利用，污染低排放”甚至污染“零排放”的经济发展模式。目前，对循环经济的一个普遍定义是国家发改委给出的：“循环经济是一种以资源的高效利用和循环利用为核心，以‘减量化、再利用、资源化’为原则，以‘低消耗、低排放、高效率’为基本特征，符合可持续发展理念的经济增长模式，是对‘大量生产、大量消费、大量废弃’的传统增长模式的根本变革。”

早期的循环经济理论把人类社会经济发展划分为线形经济、垃圾经济和循环经济三个阶段，将减量化（Reduce）、再利用（Reuse）和资源化（Recycle）3R原则确立为循环经济的操作原则，具体体现为小循环（单个企业）、中循环（产业园区）和大循环（社会）三个层面。它是依据生态规律对自然资源进行规划、开发和利用，融资源开发、清洁生产和废弃物综合利用于一体的经济活动。

循环经济以生态经济理论为基础，在系统论和生态学的基础上，以自然生态系统来支撑社会、经济和环境三个子系统的协调发展，以“3R”及资源效用最大化为基本准则，将人类生产生活与自然循环融为一体，使环境保护与经济发展并重，以最大限度降低经济活动对环境的负面影响为目标，最终实现资源的可持续利用和资源效用的最优配置，以及人与生态的和谐发展和良性循环。循环经济的实质是强物质化到减物质化的转变。目前有三种模式：一是随着物质消耗的增加，环境压力随之上升的共耦发展关系；二是随着经济的增长，物耗和环境压力减少的降脱钩模式；三是诸大建提出的中国发展C模式，即经济按照既定目标增长，物耗与污染减速增长且趋于稳定。循环经济可以被定义为通过设计达到再修补和再生产的行业体系。该体系的三条原则是保护自然资源、优化资源使用和提高体系的有效性。循环经济为了取代传统的生命终止的概念，通过物料、产品、体系和商业模式的设计，实现向再生能源的使用、避免有毒化学品的使用和消除浪费的转变。

2）循环经济理论的发展

（1）农业循环经济

农业循环经济作为循环经济理论的应用形式之一，强调在农业生产过程和农产品生命周期中，尽可能地减少农业资源、物质的投入量，增加物质在农业系统中的循环再生利用和能量多级使用，从而得到更好更多的农产品，减少废弃物的产生和排放量。农业循环经济的具体载体和实践模式是循环农业，倡导农业经济系统与生态环境系统相互协调的发展战略，把农业经济增长建立在国内生产总值增长、经济结构优化、人口规模、环境等经济社会指标与生物多样性、土地承载力、生态资源数量与质量等生态系统指标综合分析的基础上，通过实施有效干预，促进农业经济系统更和谐地融入生态系统的物质循环过程中，利用生物与生物、生物与环境、环境与环境之间能量和物质的联系建立起来的整体功能和有序结构，实现生态系统中物质、能量、信息和资源的有效转换，从而实现经济效益、社会效益和生态效益的有机统一。

（2）工业循环经济

工业循环经济是通过物质流、能量流和信息流之间的相互联系，将一个过程中产生的工业废弃物用作另一过程或另一部门的原材料，从而使得工业生产过程中的资源得到充分利用，类似于自然界的“食物链”。在生态工业循环系统中，各部门之间实现资源共享，为生产废弃物找到下一步“分解者”，从而往复循环，实现资源正效益。工业循环经济主要是将生态和经济结合起来，并在单个企业间、园区内以及地区之间实行的一种新型的进化型经济。它将经济、技术和社会组合成一个系统，以协调人与自然的关系为准则，并仿照自然生态系统来构建工业生产体系，在整个生产过程中使得物质和能源多次循环利用，实现零排放。工业循环经济同时考虑工程承载能力和生态承载能力，要求工业生产经营活动在资源承载能力之内，促使生态系统平衡发展。对自然资源而言，工业循环经济不仅将其视为可利用的资源，更是将其看作人类生存的基础；对科学技术而言，工业循环经济增加了对生态系统修复能力的考虑，引进了有利于环境生态系统的先进生产技术；对自身而言，工业循环经济更加注重人与自然和谐共处。工业循环经济在充分考虑生态系统承载能力的基础上，节约并高效利用资源，在生产过程中遵循循环经济"3R"原则，尽可能多地使用替代性能源，并通过技术创新，用技术投入替代物质性投入，从而实现经济、社会与生态和谐统一。工业循环经济倡导适度、层次消费，并在消费的同时使得废弃物资源化。其通过税收和行政手段，尽可能地减少不可再生的一次性产品的生产和消费，促进经济的循环发展。

（3）区域循环经济

区域循环经济是指在单个行政单元或若干行政组团区域范围内，以循环经济理念、物质流动理论和生态学理论为基础，以资源高效利用、经济健康发展、生态环境友好与社会环境和谐为发展目标，实现区域内能源资源的合理利用与集约节约，以最小的能源资源消耗与污染物排放获得最高的经济效益。由于某一区域的地理面积、人口数量、资源种类、产业结构、经济发展阶段与其他区域均不相同，因此区域与区域之间存在较大异质性，在区域层面实施循环经济，不仅可以促进区域内经济朝着健康、稳定、持续的方向全面发展，并且可以使区域间经济发展获得规模效益，从而在更大范围内实现循环经济的发展。在企业、园区实施循环经济的同时发展区域循环经济，可以推动区域内资源的循环利用，实现循环经济的规模效益，促进循环经济的平衡发展，落实循环经济的重大举措，协调循环经济的跨区域性项目。要以循环经济理论为指导，加快实施城市生活垃圾减量化、资源化、无害化、产业化工程，走因地制宜、多法并用、综合开发、逐步发展的道路。当前，区域循环经济以废旧物资回收再利用和垃圾制肥为主，随着区域经济社会发展和人民生活水平的提高，逐步向垃圾焚烧发电、生物处理、热解气化等方向发展。区域循环经济是区域经济与循环经济的空间耦合和时间耦合。从空间维度看，区域循环经济是循环经济与不同区域空间的耦合，与区域空间内的企业（家庭）、产业园区、区域和区际空间不同层次的耦合，一个协调发展的区域经济蕴含着循环经济的可能。从时间维度看，区域经济与循环经济表现出“耦合—分离—耦合”的螺旋式发展过程。发展区域循环经济，就是要实现区域经济与循环经济在更高层次上的再度耦合。

2.2 文献综述

2.2.1 区域协同创新相关研究综述

区域协同创新是区域寻求当地经济持续发展的一种手段，是原始创新、集成创新以及引进基础上再创新的主要实现形式。当今社会，区域竞争已由传统的资源禀赋之争转为创新能力之争，区域协同创新已经成为推动区域经济发展的重要动力。它有利于促进区域间创新要素的流动，优化科技资源的合理配置，提升区域创新绩效。王志宝、孙铁山（2013）等从狭义和广义两方面对区域协同创新进行定义，狭义的区域协同创新就是区域科技的协同创新，是指科技创新在区域内部实现各地区联动发展，各地区的科研机构、科研人员在区域内协同合作，通过打造区域科技创新平台，最终实现区域科技创新效益最大化和区域科技创新能力的提升；广义的区域协同创新是区域协调发展的高级阶段，是指一定区域内各地区之间通过协同彼此之间的人口、社会、经济、环境等方面的发展速度、规模、结构，实现整个区域的效益最大化、地区间的协调发展和地区间差距的日益缩小。本书将区域协同创新定义为：在一定区域内，由不同创新主体的创新要素进行有机配合，通过创新要素之间复杂的非线性相互作用，产生整体效应最优的协同，是使得区域内创新资源整合、创新效率提升的最有效途径。以下将主要围绕区域协同创新的影响因素进行综述，旨在深入了解影响区域协同创新能力提高的原因以及制约其发展的条件因素，为区域协同创新持续健康发展提供保障。

1）区域协同创新能力与效应评价研究

区域协同创新体现了一个区域的创新主体要素和非主体要素在非线性相互作用下实现区域效益最优的协同程度，其对加速区域内资源优化配置、实现区域经济平稳快速发展具有重要作用。开展区域协同创新能力评价，对正确评估区域协同创新水平和区域协同创新可持续发展能力，进而正确制定区域协同创新政策具有重要的现实意义。

Cooke（1998）通过对区域创新能力的实证研究发现，经济制度、政治制度、技术转移和教育制度对区域创新能力的影响较大。Davies（2004）提出了所谓的“负协同”，即区域政府间制度障碍导致协议的缺乏，会产生“负协同效应”。Zabala等（2007）运用DEA方法以创新输入和创新输出两维指标测评了欧洲区域创新系统的运行绩效和创新潜力。Pinto等（2010）采用因子分析法，从经济结构、劳动力市场、技术创新和人力资本四个维度，对欧洲15个国家175个地区的创新能力进行测评。邓富民等（2014）以复杂系统理论、耗散结构理论为基础，从系统有序和无序视角，提出基于“协调度－管理熵”的区域协同创新测度方法。鲁继通（2015）基于复合系统协同度模型，利用知识创造和获取能力、技术创新和应用能力、创新协同配置能力、创新环境支撑能力、创新经济溢出能力5个要素，选取31个有代表性的评价指标，对京津冀区域各子系统协同创新有序度及整体协同度进行测度。李美娟、魏寅坤等（2017）利用基于灰靶理论的动态评价方法对区域协同创新能力进行整体和分项评价与比较分析。袁旭梅、张旭等（2018）结合云模型与概率优势关系，提出基于云概率优势关系的多准则决策方法，对2010—2015年中国6个区域18个省（直辖市）的高新技术产业区域协同创新能力进行了实证研究，探索其区域协同创新能力及波动情况。Fei & Huan等（2019）采用改进的数据包络分析模型，基于区域创新能力测度了2003—2016年中国城市的创新效率。

综上所述，国内外学者运用不同的模型和方法对区域协同创新能力进行了测度和评价，目的是对区域协同创新能力进行更准确的评估，从而制定相应的可持续发展战略。

2）区域协同创新路径与模式研究

随着经济全球化的不断发展，以多元主体互动为基础的区域协同创新已逐步成为当前科技创新的新模式和新趋势。研究者们对区域协同创新路径和模式进行了深入分析研究，以期为区域经济发展做出贡献。

Shinn & Lamy（2006）指出大学和企业间产学研协同模式主要包括合作研发、许可证合作和技术援助等。朱莹莹、周敏华等（2015）借鉴美国、欧盟、我国中关村等国内外先进地区的成功经验，构建了“政产学研金介用”架构性创新+区域联动共建创新平台核心形象+接轨上海开展跨区域合作的路径模式。张旭华（2017）以福建和台湾之间区域协同创新为例，提出了产业价值链协同创新、产学研创新联盟、虚拟知识联盟等区域协同创新模式。崔新健、崔志新等（2018）从过程理论的角度研究多区域协同创新，探讨多区域协同创新演化路径，并依据参与协同创新的区域及行为主体的不同，将演化路径分为同主体多区域协同创新、同区域多主体协同创新和跨区域多主体协同创新。李小璐等（2020）分析了四川省生态环境厅与重庆市生态环境局以区域协同创新为出发点，建立了以危险废物管理信息互通、危险废物处置需求对接、危险废物转移快审、突发事件危险废物应急转移、危险废物监管协调会议为主要内容的“绿色通道”合作模式。连俊华和李富强（2022）认为长三角城市群区域协同创新模式包括：长三角城市群区域协同创新方面的顶层设计和框架；城市间“科创走廊”的打造；以上海为中心的科技创新中心的建设。综上所述，国内外学者结合区域特征，对区域协同创新路径与模式进行了比较深入和具有针对性的研究，取得了一定的研究成果。

3）区域协同创新形成机理和影响因素研究

创新是区域经济发展所面临的重要挑战，区域协同创新是提高区域经济发展水平的重要推动力。分析区域协同创新形成机理和影响因素，有利于对推动区域协同创新的根本力量进行更深入的探讨和研究。

Porter & Stern（2000）的研究表明，影响区域协同创新能力提升最关键的因素是创新环境和基础设施。Drejer & Jorgensen（2005）认为区域协同创新受协同创新体系内外部因素的共同影响，主要包括外部因素区域创新环境、内部因素创新主体能力及内外结合因素创新主体距离三方面。高新建（2013）从市场需求拉动和技术开发推动两个维度分析研究了区域协同创新的形成机理，提出区域协同创新形成过程中的关键影响，包括学习因素、动力影响因素、竞争力提升因素和宏观环境因素等相关因素。高丽娜、蒋伏心等（2014）认为区域协同创新形成的首要推动力是创新主体的流动，其次是创新成果的市场交易与知识流动促成区域集体学习。杨洁（2014）认为政府和市场的拉动作用、企业的主导作用和科研机构的推动作用是促使区域协同创新形成的机理。臧欣昱、马永红等（2017）指出，区域协同创新由自动因和他动因两个层面共同驱动，并主要受政府、市场和企业三方面因素的驱动。刘兵、张荣展等（2019）利用空间计量模型和门槛面板模型，发现创新人才要素集聚和创新资本要素集聚对区域协同创新有重大影响。Yang & Cheng（2021）通过对中国专利数据库的计量经济学分析，发现区域间的生产联系可以推动区域协同创新能力的提高。上述研究表明，国内学者对区域协同创新形成机理与影响因素的研究还处于初步探索阶段，大多数学者都以定性的方法对形成机理和影响因素进行研究。

4）区域绿色协同创新影响因素研究

区域绿色协同创新表明区域间的协作开始趋于绿色化，开始注重以绿色带动区域可持续发展。对区域绿色协同创新的影响因素进行研究，有利于制定具有针对性的区域绿色协同创新发展战略，从而促使区域可持续发展。

赵丽娅和葛晋（2014）以京津冀区域为例，指出产业结构、基础设施建设、制度设计和政策保障等能够促进区域绿色协同创新能力的提高。王亚平、任建兰等（2017）研究发现科技创新是推动区域绿色协同创新的重要因素，认为从区域视角构建生态理性的绿色科技创新体系是推进区域可持续发展的重要出发点和落脚点。殷阿娜和邓思远（2017）在经济新常态和京津冀一体化国家战略背景下，基于系统论和协同论，通过构建绿色创新系统协同度评价指标体系，评估了京津冀绿色创新系统协同度的动态发展状况，指出影响京津冀绿色协同创新发展的主要因素有：子系统有序度差异、区域协同度差异、技术市场开放度和结构升级。张仁开和周小玲（2021）以长三角生态绿色一体化发展示范区为例，通过深入分析得出以下结论：国家战略、生态环境、地理区位是影响区域绿色协同创新的重要因素。

通过对区域协同创新能力评价、路径、模式、机理和影响因素进行文献综述发现，区域协同创新能力与效应评价研究尚处于探索阶段，评价指标的类型仍有待拓展。关于区域协同创新路径与模式研究，多以特定区域为研究对象，在更广阔的区域范围内研究和论证的相对偏少。关于区域协同创新形成机理和影响因素研究，目前学者们主要从内部因素或外部因素进行，针对区域协同创新某一特性的影响因素进行的研究相对不足。这都是今后区域协同创新领域研究的方向。

2.2.2 企业协同创新相关文献综述

随着市场竞争愈加激烈化，企业不断降低成本和增加收益的诉求越来越强烈。除了大环境的威胁，很多企业还受到资源和自身规模的制约。创新能力体现了企业的生命力和创造力，对企业的生存和发展起着决定性作用。不断提高创新能力、加强企业间的协作成为企业提高核心技术能力的有效途径。德国物理学家哈肯在研究激光理论的过程中，提出了协同理论，即在系统的各个要素以及子系统之间，实现相互的协同以及同步，从而在整体上使得系统呈现出有序化的结构。Persaud（2005）认为协同创新是指各个参与者通过研发合作的方式来提升企业创新能力。Serrano & Fischer（2007）认为协同创新是对各个创新主体要素进行系统优化、合作创新的过程，协同创新可以从整合以及互动两个维度来分析。Srivastava & Gnyawali（2011）指出，企业协同创新就是企业把技术与内部资源等创新要素协同起来，以此推动突破性创新。陈劲和阳银娟（2012）等提出，协同创新是企业、知识生产组织、用户等主体为了突破创新所遇瓶颈整合形成的组织模式。综合国内外已有研究，本书将企业协同创新定义为：在企业创新过程中，供应链企业、相关企业、研究机构、高校、中介和政府等创新行为主体通过交互作用以及创新要素间的耦合产生单独要素无法实现的整体协同效应的过程。本书将主要围绕企业绿色协同创新的影响因素进行综述。首先通过对企业绿色协同创新的影响因素进行研究，以获取绿色协同创新能力提升的关键要素以及制约其发展的条件，从而为企业绿色协同创新能力的提升提供保障。其次对绿色协同创新的模式、模型进行文献研究，梳理出绿色协同创新能力提升的模式和模型，以期为本书理论模型的构建提供依据。

1）企业协同创新的模式与模型

企业协同创新模式是指为了提高企业创新能力，在企业内各要素相互配合、协作的基础上所构建的结构模式。这种模式会根据实际情况的变化随时调整要素与结构，是理论和实践之间的中介环节。

国内外许多学者以“企业”为研究对象，划分和提出了不同的企业协同创新模式，也构建了不同的企业协同创新模型，以此来满足不同企业提高创新能力的需求。石火学（2000）研究产学研创新活动，总结了基于技术创新的产学研协同创新模式：工程研究模式、校企结合自主研发模式、共同协作教育模式、建立大学科技园模式等。Henderson（2006）在研究大学与产业之间的伙伴关系基础上，提出了合作创新模式，认为合作创新模式不仅可以提高科研能力，而且对参与主体而言是组织的一种学习方式。Bjerregaard（2010）为了促进企业与大学建立友好关系，提出了战略联盟模式，该模式利于知识的交流与共享。于江（2007）在综合集群理论和协同理论的基础上提出了高新技术产业集群式协同创新模式，并结合我国高新技术产业发展中存在的问题，从企业内外部两方面对协同创新模式进行了分析。张波（2010）以中小企业的创新活动为研究对象，对其产生原因进行了分析，总结出了四种企业创新模式：产学研结合创新模式、产业集群创新模式、企业间协作模式以及国家协同系统模式。李大庆、李庆满（2013）等提出了三种产业集群科技型小微企业协同创新模式，即产学研联合创新模式、科技型小微企业创新联盟模式和依附于大中型企业创新模式。曲洪建（2013）把企业协同创新模式细分为企业两要素协同创新模式、三要素协同创新模式、多要素协同创新模式，并对其进行了系统的研究。侯光明、景睿（2021）等以中国新能源汽车企业为例，提出了不同新能源汽车企业协同创新的模式，即核心依托型协同创新模式、平台辐射型协同创新模式和产业拓展型协同创新模式。在企业协同创新的模型研究方面，朱祖平和朱彬（2003）从创新对象和创新重要性两个角度，对企业协同创新运行机制、企业协同创新的管理进行了理论分析，提出了企业协同创新系统概念模型。陈晓红和解海涛（2006）在分析了企业技术创新从“线性范式”向“网络范式”转变的基础上，从我国中小企业技术创新外部“正”效应内部化入手，针对中小企业技术创新方面的不足与缺陷，提出中小企业协同创新体系构想，建立了中小企业技术创新“四主体动态模型”。Baldwin & Hippel对生产者创新模型与两个日益重要的替代模型——单一用户模型和企业创新开放式协同创新模型进行了比较，评估了生产者创新模型的经济可行性。Alguezaui & Filieri（2014）为了应对当前复杂社会场景与创新和竞争相关的挑战，以企业知识为基础，提出了扩展企业模型。曾萍和赵冰（2015）结合制度环境的变化，构建了全面深化改革情境下新的中小企业协同创新模型。该协同创新模型强调：充分发挥市场的决定性作用；更好地发挥政府的作用；强化中小企业的创新主体作用；发挥高校与科研机构的知识供给作用以及社会服务机构的创新服务作用。

归纳上述研究，企业协同创新模式主要包括：产学研协同创新模式、合作创新模式、产业集群式协同创新模式等。学者们分别从创新要素、协同创新主体的角度建立了集群内企业、联盟内企业和中小型企业的协同创新模型。每种模式和模型都有其适用的条件，合作各方面临的风险和收益也不尽相同。上述研究为企业开展协同创新活动提供了借鉴，也为理论研究提供了有力依据。

2）企业协同创新的动因和影响因素研究

为了更好地对协同创新理论进行深入研究，国内外许多学者开始从“动因”和“影响因素”的角度对企业协同创新进行探讨分析。动因是指诱发某件事产生的原因，企业协同创新的动因就是指促使企业开展协同创新活动的原因。企业协同创新的影响因素指的是影响企业协同创新能力提升的原因或条件。

在企业协同创新的动因研究方面，Veugelers（2005）基于能力、资源、成本三个方面对企业与高校进行了比较，得出如下结论：促使产学研合作的主要原因是资源和能力的差异性和互补性、降低研发成本和独占知识产权。Gallaud（2013）认为企业进行协同创新活动的主要目标是获得对方的知识。姜启军（2007）认为在国际竞争、企业责任和环境保护等压力的驱动下，企业为了在市场竞争和树立形象方面取得一定的优势，就不得不提高创新能力。姚艳虹（2013）等认为，企业进行协同创新主要是为了追求协同剩余。学者们对协同创新的影响因素也进行了相关阐述，李兆友（2001）指出影响协同创新的主体因素包括决策主体、管理主体、市场主体、生产主体等。水常青（2004）等指出，影响企业协同创新的因素包括高级领导的重视程度、负责人的经验水平和协调手段、部门间信息沟通是否通畅、成员之间是否高度信任。Thorgren（2009）认为政府颁布的相关政策对企业协同创新发展具有促进作用。Román（2011）等指出环境是影响企业协同创新的重要因素之一。Pavlou & Sawy（2011）认为企业外部良好的宏观环境和市场环境有利于提高企业协同创新能力。Dingler & Enkel（2016）认为企业社会责任是影响企业协同创新的重要因素之一。

综上所述，企业进行协同创新主要是为了实现资源、知识的互补，降低经营成本和竞争风险，追求剩余的协同价值。在上述研究中，学者们将企业协同创新的影响因素主要概括为主体因素和环境因素。其力求通过对这些因素进行理论分析研究，获取相应的作用机理。

3）企业协同创新的形成机理研究

在对企业协同创新的动因和影响因素进行研究的同时，部分学者开始关注企业协同创新的形成机理。在企业协同创新的形成机理研究方面，波特（2005）在研究企业价值链理论时，指出协同效应产生于价值链中，企业能够在与价值链相关的合作组织之间转移知识、专业技能。Yang & Zhang等（2008）利用代理角色机制研究校企之间的协同创新，指出有限理性和信息闭塞对协同创新稳定性具有重要影响。饶扬德等（2008）从技术、市场和管理三方面来定义三维创新协同，认为企业创新需要三种要素的平衡与协作，通过协同行为实现创新合力的质变，产生超越个体作用简单叠加的协同效应。他们构建了三维协同创新的闭环模型，阐述了协同从明确问题、沟通解决、协调一致到反馈评价的螺旋上升过程。解学梅（2013）从一个都市圈的视角，论证了都市圈创新要素的耦合度和主体间的协同效率对协同创新效应的影响，通过建立信任承诺机制和良好的制度环境、改善圈内技术扩散和知识溢出以提高协同创新效应。王进富等（2013）从内部动力和外部动力两方面着手，将合作创新能力作为内部动力，将政策法规作为外部动力，指出协同创新系统的演化过程是内外部动力共同促进的结果，是一个由无序到有序、由分散到持续合作的过程。

综上所述，国内外学者在协同创新形成机理方面的研究各有不同的着眼点，归纳起来主要是从影响创新的主导因素、协同创新效应的产生根源、协同创新的动力如何作用及其之间的关系、协同创新要素的作用过程等方面进行了研究。

4）企业绿色协同创新

随着社会经济的不断发展，资源约束条件和生态环境恶化日益严峻，“高投入、高消耗、高排放、高污染、不协调、低效率、难循环”的粗放型经济增长方式已严重制约了我国经济的可持续发展。企业为了能够持续健康发展，开始追求绿色协同创新。

（1）企业绿色协同创新影响因素研究

Chen & Hung（2014）从社会资本视角出发，采用结构方程建模方法，研究发现跨组织边界的环境协作是影响企业绿色协同创新能力提升的重要因素之一。Zhao & Sun 等（2015）基于中国污染密集型企业样本数据实证得出结论：环境规制与企业绿色技术协同创新存在弱效应，对企业竞争力的提升具有负面影响。Wei & Tang 等（2018）以江苏省生态建材与环保设备协同创新中心为例，指出绿色协同创新能力、绿色协同创新意愿、合同规范等是企业绿色协同创新的重要影响因素。杨朝均等（2019）基于有限理性的演化博弈理论，构建了绿色创新产学研合作演化博弈模型，研究表明：违约罚金、合作超额收益、成本分摊比例、主体技术吸收能力和绿色收益等多种因素影响绿色创新产学研合作的演化结果。熊瑶（2019）基于 SEM 影响因子验证性分析发现，企业规模和创新投入等内部因素相对于创新环境和环境规制等外部因素对企业绿色技术协同创新的影响更为突出。邓峰和贾小琳（2021）聚焦生态文明型的高技术产业绿色技术协同创新，研究表明国际研发对高技术产业绿色技术协同创新具有促进作用。

（2）企业绿色协同创新的模式和模型研究

武刚龙（2012）在国家“十一五”规划已明确提出造纸企业要节能减排的大背景下，基于协同创新理论，对福建92家造纸企业技术协同创新状况进行调查，提出建立企业—政府、企业—企业、企业—中介机构、企业—研究组织的产学研协同创新模式。Wang & Zhao等（2016）考虑了消费者的绿色偏好，构建了零售商主导的供应链协同绿色创新决策模型，探讨了供应链成员的最优减排策略及协调机制。吴荻（2016）为了推动产业集群的协同创新与绿色化发展，提出了生态型产业集群协同创新网络的运作模式。彭苏萍、葛红林等（2017）为了使矿业生产达到零排放、零污染，从而实现矿业绿色发展，提出构建中国矿产资源与材料应用创新联盟模式。曲优、关志民等（2018）考虑到消费者绿色偏好具有不确定性、产品绿色水平具有动态变化特征，基于CVaR风险度量准则，构建了供应链协同绿色创新的动态优化模型。Li & Kang等（2020）在交易成本经济和社会交换理论的指导下，利用信任水平、初始知识投入、开发成本、知识互补性和协作创新效率五个关键因素，构建了一个制造商与供应商协同绿色创新的数学博弈模型。

综上所述，近年来国内外学者开始专注于企业协同创新的研究，并且采用定性、定量研究方法对企业协同创新的影响因素和模式、模型进行了深入分析，这为本书的研究奠定了良好的前期基础。在对文献回顾中我们发现，企业协同创新模式、模型、动因、影响因素和机理是研究的焦点。从对企业协同创新模式的研究来看，主要集中在协同创新模式的划分和提出上，以理论分析为主，关于协同创新模式的实证分析相对匮乏。从对企业协同创新模型的研究来看，主要集中在企业之间和企业与外部主体间，这为本书的研究奠定了良好的理论基础。在企业协同创新的动因和影响因素研究方面，已有文献大多侧重内部因素或外部因素研究，缺少将内外部因素相结合进行深入分析的相关研究，这也是今后研究的一个重要领域和方向。在企业绿色协同创新方面，目前的研究主要集中于一二产业，且由于多种原因，研究多集中于绿色制造、绿色供应链领域的创新，研究企业间协同创新的文章相对较少。因此，如何有效区别绿色协同创新与绿色制造、绿色供应链创新，架构科学的研究范式，将是本书需要突破的重要议题。

2.2.3 绿色供应链相关文献综述

1）绿色供应链的提出及概念研究

20世纪70年代，绿色环保理念与供应链管理理论发生了融合。早期只是针对供应过程中的物流管理进行交通优化处理。国外对绿色供应链的研究最开始以绿色采购作为起点。1994年，Webb（1994）通过研究不同产品对环境影响的大小，发现原材料采购对产品生产具有重要作用。绿色采购的概念由此提出，主要是指在原材料采购上建立合理的采购体系，对照环境标准对原材料供应商进行筛选，优先选择能够循环利用的原材料。Mythen（1994）提出在采购过程中应该考虑环保因素，并且定义了绿色采购，建议利用自然规则进行原材料的选择，并提出了对材料的回收利用。1996年，在美国国家科学基金（NSF）的资助下，密歇根州立大学的多名学者开展了“环境友好型制造模式”的研究，以制造业为模型首次提出了“绿色供应链”的概念。其最基本的特征就是在传统供应链中加入了对环境因素的考量，从资源高效利用的角度，达到在供应链的运作过程中环境影响最小、资源利用率最高的目的。绿色供应链很快就受到了广泛关注，很多学者对绿色供应链的概念和内涵都提出了不同看法。

Handfield & Nichols（1991）认为绿色供应链是初始原材料变为产品，销售到用户手中废弃后再回收的过程。Walton等（1998）提出，绿色供应链管理是在企业的环境战略中增加供应商，主要的观点是把综合管理运用到绿色供应链领域。Berman（1999）指出，在传统供应链上考虑到社会整体环境效益即绿色供应链。Jeremy（2000）定义了绿色供应链管理的运行过程。他提出，应该针对社会和企业来实施绿色供应链，对整个供应链上的环节进行绿色设计，包括采购、制造、营销和循环回收，通过对每个节点采取对应措施来提升各个环节的绿色化，使得整个供应链从环保角度全方位获得协同效应，从而获得更大的环境效益。

绿色供应链概念在我国的提出始于21世纪初。国内学者但斌（2000）认为，绿色供应链管理是综合考虑了整个供应链各环节对环境的影响和效益之后，通过结合供应链和清洁生产的相关管理理论，对供应链上的所有环节，包括采购、生产、销售以及最终消费等进行绿色设计，最终使产品在加工、包装、储运过程中所获得的材料来源于废品加工，由此最大限度地减轻生产过程中对环境造成的不良后果，达到资源和能源循环利用的目标。蒋洪伟等（2001）认为，绿色供应链管理就是将环境意识引入供应链管理中，绿色供应链的各个组成部分都应该降低对环境的影响，在保证企业经济效益的同时获得环境效益。王能民（2005）等认为绿色供应链是指以资源最优配置、增进福利、实现与环境相容为目标，从资源开发到产品的消费过程中一系列绿色活动的集合，是由供应商、制造商、销售商、零售商、消费者、环境、规则及文化等要素组成的系统，是物流、信息流、资金流、知识流等运动的集成。马祖军（2002）完成了对绿色供应链概念的界定，构建了绿色供应链结构体系，并对绿色供应链实施过程提出了指导意见。汪应络、孙能民等（2003），付兴方和包小兰（2006）认为绿色供应链管理理念充分体现了集成管理思想、循环运营模式及现代网络图技术，解决了传统高能耗行业与自然环境之间的冲突。张炎亮（2006）等指出绿色供应链管理模式的推广是保证以制造业为主的多种工业形式可持续发展的关键。杨光勇（2011）将绿色供应链定义为保证经济效益、社会效益、环境效益共同发展的供应链管理模式。朱庆华（2013）认为绿色供应链是指加入环保因素，通过链上各节点成员间的合作交流，实现所有环节对环境的负面影响，促进供应链整体和各节点企业高效可持续发展。

绿色供应链是供应链理论和可持续发展理论的有机结合，就目前的研究来看，国内外对绿色供应链并没有统一的定义，但最基本的观点是将对环境问题的重视贯穿于供应链的各个环节中，从而使经济与环境协调发展，这也是供应链管理的新兴发展方向。

2）绿色供应链研究概况

（1）国外研究概况

①绿色供应链在企业中的研究

Walton（1998）提出绿色供应链的核心是将集成思想应用到绿色供应链体系中，即将供应商也纳入企业的环境管理中。Sarkis（2003）提出在供应链战略决策中考虑环境因素，指出整合绿色供应链管理中的要素、功能和活动本质上是整合供应链中企业间的环境影响关系。Nagurney（2003）采用网络模型（ANP）构建多目标决策模型，对绿色供应链中的制造企业、分销企业和消费者行为进行了研究。Preuss（2005）在考察了多个以制造企业为核心企业的供应链后，为了应对生产过程中产生的环境问题，提出了供应链关系协调、共享信息、物流优化三项建议，以促进绿色供应链的形成。Vachon（2006）等在Preuss的研究基础上指出，作为绿色供应链核心企业的制造企业，在供应链绿色化实施过程中起着主导作用，其中包括协调链上企业的关系等。Monto（2007）从产品全生命周期的角度，为链上企业的任务划分提出了建议，并分析了项目各阶段给环境带来的影响。Walker（2008）剖析了企业采用绿色供应链思想实施供应商管理的内因，并将获得的效益与带来的管理成本进行对比，得到获得的效益大于成本的结论，从而论证了以绿色供应链思想进行采购的可行性。Paulraj等（2010）利用博弈论的方法对政府、企业和消费者在绿色供应链系统中的利益关系进行了系统分析，并对政府和企业构建绿色供应链实行的措施提出了相关建议和指导。Kim（2011）对韩国企业进行实证分析后发现，通过各节点成员之间的协作、交流以及资源互补，在一定程度上，绿色供应链管理能够提高企业的综合效益。同时，研究还表明，供应链节点成员之间的信任关系对绿色供应链管理的贯彻和实施具有重要意义。Gimenez & Sierra（2012）通过对供应商间的评定和协作能力的分析，得出其协作能力对环境具有积极作用，而且可以保证整个供应链的可持续性的结论。Muting等（2014）认为合适的绩效评价方法对绿色供应链的发展至关重要，因此其在对绿色供应链战略的分类方法进行研究的基础上，采用结构化方法开发了绿色供应链绩效管理系统。Mangla等（2014）试图将

SAP-LAP和IRP方法相结合，在进行绿色供应链网络设计时建立一个风险管理策略决策框架，该框架模型可以有效提高绿色供应链的生态经济收益。Tasmia等（2019）对孟加拉国纺织品行业绿色供应链管理存在的障碍进行问卷调查后发现，最主要的障碍来自客户的需求和财务约束。

②绿色供应链在战略决策和绩效评价方面的研究

Clift等（2000）将生命周期分析（LCA）运用到绿色供应链绩效与各维度之间关系的研究中，结果表明单个指标对供应链整体绩效的影响存在不平衡性。Carter等（2000）通过调查分析了环境意识采购对企业财务绩效的影响，其发现环境意识采购与企业净收入和销售产品成本之间具有显著相关性。Nagurney等（2003）通过对绿色供应链成员决策行为的研究，基于博弈论分析建立了多目标决策模型。Handfield等（2005）提出通过合理处理环境问题来提高供应链的竞争能力和绩效，并基于绿色供应链核心企业战略决策问题调查提出战略决策模型。Hervani等（2005）基于绿色供应链管理绩效评估相关研究，提出了新的综合绩效评价方法。Manzini等（2006）构建了评价EPD效用的运作模型，提出通过推行环境产品声明决策工具来提高绿色供应链竞争力。Cruz（2008）构建了供应链网络的动态分析模型，提出了基于离散序列算法对产品流、产品价格与环境相容活动间的动态评价过程。Hsu（2009）等基于网络分析法将有害物质管理理念应用于供应商评价与选择过程，并建立了一个多指标决策模型。Jakhar（2014）通过定性和定量分析将结构方程模型（SEM）、多目标线性规划（MOLP）和层次分析法（AHP）组合应用于评估绿色供应链绩效，并从不同绿色供应链中筛选出最优方案。Rostamzadeh等（2015）建立了采购、加工、包装、储存、运输和回收六个维度的绿色供应链评估管理体系，运用VIKOR模糊分析法评估绿色供应链系统绩效。Zhai等（2019）运用两阶段前沿转移DEA模型考察安徽省16个城市能源供应链的生态绩效，从而确认了碳许可证的可行性。

③绿色供应链在其他行业的研究

国际上对绿色供应链的研究，关注的重点主要集中于电子、汽车、食品行业等。Remko（1999）分析了在汽车制造行业实施绿色供应链的问题，并从技术和供应链运作两方面进行了探讨。Beamon（1999）提出了汽车制造领域绿色供应链的设计方式，分析了影响绿色供应链形成的外部环境因素，通过对比绿色供应链与传统供应链的不同，获取了构建绿色供应链的核心要点，并且建立起绿色供应链绩效考核指标体系。Miemezyk（2004）在对汽车制造行业供应链各节点企业所采用的绿色化策略研究的基础上，开展了各企业对绿色化积极性的排序研究，结果发现制造商的积极性高于供应商，物流公司的积极性最小。Giannis（2002）采用生命周期法对废旧电池逆向物流所处的整个生命周期阶段对环境的影响进行了分析。Subrata（2014）研究了印度制造行业采纳绿色供应链管理实践对绩效的影响，结果表明环境可持续供应商对环境可持续产品的设计会产生正向影响，并显著影响到公司的竞争力和经济绩效。Verma 等（2018）对绿色供应链管理可持续发展的必要性进行研究，将绿色供应链实践分为上游、中游和下游，并与可持续性参数（环境、经济绩效和社会绩效）共同构成绿色供应链可持续发展概念模型，旨在从三重底线出发共同实现可持续发展。

（2）国内研究状况

①绿色供应链在产品定价方面的研究

马吉睿（2008）针对绿色产品定价问题，运用博弈论和Rubinstein讨价还价模型制定了绿色供应链环境下的价格协调策略，并针对不同回收模式下的两种绿色供应链类型，依据收益共享契约理论获取了协调后最优的批发价格策略和回收价格策略。穆慧萍等（2014）认为绿色供应链利益分配的影响因素是各成员的投入、风险和努力程度，并提出在建立基于Shapley值法的供应链利益分配策略时，应综合考虑影响利益分配的三项因素后对Shapley值进行修正。朱庆华和窦一杰（2011）研究了绿色供应链管理中政府与企业的博弈行为，构建了三阶段博弈模型，该模型中考虑到了产品的绿色度及政府补贴，并采用数值仿真探讨了各参数变化带来的影响。凤亚红和王社良（2010）从业主与总包商的两方博弈行为出发，提出了符合博弈双方经济利益要求的建筑行业绿色供应链的构建方法。张晨云（2011）从多个角度对影响绿色供应链构建的因素进行了分析和探究，并提出了实施中的具体措施。张艳丽（2017）采用理论分析和数值仿真相结合的研究方法，扩展了绿色环境下供应链成员的优化策略，揭示了消费者偏好与政府行为对绿色供应链定价决策的影响。刘广东（2019）通过建立Stackelberg博弈模型，研究了由一个风险中性制造商和一个风险中性零售商组成的两级供应链产品定价和绿色度决策。

②绿色供应链在管理机制方面的研究

李向东等（2001）提出在战略采购供应商选择过程中，应更加强调供应商的资源、信息共享程度，除了实现经济利益的双赢外，还要共同创造环保效益。武春友和朱清华（2001）提出了不同企业选择适应自身发展的供应链体系的标准。刘彬（2007）通过实证研究证明了绿色供应链上各参与主体间的信息共享能力是供应链的核心能力。葛晓敏（2008）指出绿色供应链主要的推行障碍是缺乏技术支持、管理体制不健全、激励程度不够、企业自身认识不足。朱庆华（2008）提出了绿色供应链生态产品的设计方法。曹柬（2009）认为外部市场环境、政策环境和社会环境是影响传统供应链进化成绿色供应链的主要外因，并强调了核心企业所扮演的重要角色。唐连生等（2010）从物流管理的角度指出绿色供应链数字化的实质是对供应链的整个过程进行数字化、电子化处理。金常飞和王馨（2012）建立了传统产品和绿色产品的供应链博弈模型，该模型可以为绿色产品制造企业的决策提供最优化指引。张璇（2017）重构了绿色供应链管理实践影响因素的研究框架，得出了如下结论：企业绿色供应链管理实践受到社会系统因素、生产系统因素和消费系统因素不同程度的作用，其作用强度受到行业因素的影响。黄浩峰（2017）分析了电子商务环境下绿色供应链管理的内涵及实施过程，并以沃尔玛为例进行了实证研究，阐述了其对我国企业实施绿色供应链管理的战略启示和指导意义。胡丽辉等（2018）以家具制造企业为核心，从上游合作伙伴、下游合作伙伴和逆向物流合作伙伴着手，构建家具制造业绿色供应链，借助TOPSIS法选择合适的绿色供应链合作伙伴，以促进家具进口产业链绿色化改造，实现传统产业转型升级。

③绿色供应链在绩效评价方面的研究

罗兵等（2005）分析了我国企业实施绿色化战略的重要性，并采用网络分析法分析了绿色供应链管理战略的决策过程。张敏顺等（2005）设计了绿色供应链绩效评价指标体系，从用户满意度、信息共享程度、物流一体化程度等方面进行了评价，并讨论了绿色水平评价对传统绩效指标的影响。柳键等（2008）建立了基于关键绩效指标的绿色供应链绩效评价指标体系，并通过数据包络分析法对绿色供应链绩效进行评价。缪朝伟等（2009）通过建立绿色供应链绩效评价模型发现，绿色供应链核心企业承担的社会责任越多，供应链的管理绩效越高。张琦伟（2005）运用模糊层次分析法构建了制造企业供应链管理的绿色度评价模型，将企业发展的经济指标和环境指标相结合，为制造企业供应链环境绩效评价及管理决策提供了理论工具。黄国青等（2007）运用专家调查法构建了一个由账务价值、客户服务、成本费用、业务流程和环境绩效构成的绿色供应链绩效评价指标体系。胡飞（2017）构建了河南省农产品绿色供应链的绩效评价指标体系，并基于层次分析法和三角模糊函数构建了河南省农产品绿色供应链绩效的模糊综合评价模型。张爱雪（2019）通过运用基于环境绩效的平衡记分卡、层次分析法、模糊综合评价法、结构方程模型、SPSS数据假设检验等多种理论方法和工具构建了绿色供应链绩效评价指标体系。

④绿色供应链在钢铁企业方面的研究

李申和吴应学（2012）在研究钢铁企业的环保现状时提出，将逆向绿色供应链与钢铁企业相结合，以确保资源的可持续性，降低能源消耗，从而减少环境污染，提高社会和环境效益。冀巨海等（2013）利用绿色供应链对钢铁企业绩效进行评估，通过推进设备、材料、产品和制造的绿色化，增强绿色供应链管理的功能，从而提升绿色供应链评标体系的有效性。王玲（2020）制定了一套基于绿色供应链理论的钢铁企业环境成本控制体系，以降低钢铁企业在事后阶段产生的环境成本。

供应链是企业将合作主体逐渐从小范围区域延伸到更广阔的区域范围的重要手段，而绿色供应链通过夹带绿色化信息的产品将企业环保理念传递给下游的制造企业，同时产生有利于自身的经济效益。目前绿色供应链的研究主要集中在绩效评价、定价、合作机制以及综合管理等方面，这些为本书开展绿色协同创新的相关研究奠定了良好的前期基础。然而绿色供应链仅是从企业间的供需关系角度来探讨企业间的合作与交易，现实中企业间的联系并不局限于供需关系，还有情感联系、知识联系、人才流通、协同发展等。因此如何在绿色供应链研究的基础上厘清企业间更为复杂的绿色协同创新关系，是本书需要深入思考的重要问题。

2.2.4 绿色制造相关文献综述

1）绿色制造的概念研究

绿色制造又称为环境意识制造（Environmentally Conscious Manufacturing）、面向环境的制造（Manufacturing for Environment）等，是一个综合考虑环境影响和资源效益的现代化制造模式。美国制造工程师学会（SME）于1996年发布了绿色制造蓝皮书（Green Manufacturing），最早明确给出绿色制造的内涵，即“绿色制造又称清洁制造，其目标是使产品从设计、生产、运输到报废处理的全过程对环境的负面影响最小，其内涵是使产品生命周期的全过程均具有绿色性”。随着科技发展和人们对绿色制造研究的深入，绿色制造的内涵不断丰富。

Sheng（1955）把绿色设计引入绿色制造的内容当中，认为绿色设计是发展绿色制造的关键环节，并通过分等级的方法实现二者的结合。Magat（1978）认为与绿色制造相关的技术创新不仅解决了环境问题，同时也提高了企业的经济效益，是解决经济发展和环境问题的有效手段。Thurston（1998）通过大量的市场调研并对相关资料进行分析和处理后，认为用户的意见和建议在绿色制造工艺的决策体系中发挥着重要的作用。Zussman（2001）认为，21世纪世界制造业的重要难题是降低资源消耗和减少环境污染，而绿色制造是解决这一难题的根本方法，各国只有实现制造产业升级，发展绿色制造，才能达到从源头上控制环境污染的目的。

在我国，关于绿色制造的研究起步较晚。刘飞等（1998）指出绿色制造是一种综合考虑环境影响和资源消耗的现代制造模式，其目标是使产品从设计、制造、包装、使用到报废处理的整个生命周期中对环境的负面影响小，资源利用率高，综合效益大，从而使企业的经济效益与社会效益得到协调优化。汪劲松等（1999）提出绿色制造以不牺牲产品质量、功能和成本为条件，系统地考虑产品开发、制造及其活动对环境的影响，使产品在整个生命周期中对环境的负效应最小，资源利用效率最高。王能民等（2001）认为绿色制造是对资源利用效率和环境影响进行综合考虑的一种现代化制造模式，其采用各种先进技术对制造组织、制造资源、制造工艺和制造模式等进行持续的创新，目标是使产品在从设计、制造、包装、运输、使用到报废处理的整个生命周期中，对环境的负面影响为零或极小，资源耗费尽量缩减到极小，从而使企业的社会效益和经济效益实现协调优化。徐勇军（2005）认为绿色制造是产品从生产到报废全过程的绿色化。陶晋（2006）认为绿色制造是一种综合考虑环境影响和资源效益的现代化制造模式，其目标是使产品从设计、制造、包装、运输、使用到报废处理的整个生命周期中对环境的影响最小，资源利用率最高，并使企业的经济效益和社会效益协调优化。杨淑芳（2013）认为绿色制造是可持续发展模式，既可以通过资源的优化利用减少对环境的负影响，又保障了子孙后代的可持续发展，是同时具有伦理价值和经济价值的制造模式。王玲玲（2013）认为绿色制造是通过提高能效、节约资源、开发可再生能源和减少温室气体排放等方面的技术创新和应用，由传统的非绿色经济模式向高能效、低能耗和低碳排放的绿色经济模式转型，通过尽可能少的资源消耗和环境污染，获得更多的经济产出。吴姝雨（2015）认为绿色制造是人类社会可持续发展战略在现代制造业中的体现，是一种综合考虑资源消耗和环境问题的生产模式，目标是尽量减少产品在生命周期全过程中对环境的破坏，使产品在整个生产过程中都能保证绿色生产。曾剑锋（2015）将绿色制造界定为在原有制造模式的基础上，以循环经济的“3R”原则为指导，对资源利用效率和环境影响进行综合考虑的一种现代化制造模式。它包含生产系统中的绿色生产活动和回收系统中的再制造活动，其目标是实现企业经济效益、社会效益和环境效益的协调优化。祖鹏阳（2019）将绿色制造定义为：以制造为根本，以绿色为导向，从产品全生命周期角度考虑，尽可能保证资源利用率极高，对环境污染度极低，从而达到经济、生态和社会效益的均衡发展。

目前普遍接受的绿色制造的定义是在可持续发展理念的指导下，通过一些提升企业绿色度的方法，如技术层面的创新、管理层面的创新等，尽可能地减少资源浪费和过度消耗，减少温室气体的排放，达到经济发展、社会发展与环境保护共赢的一种生产模式。

2）绿色制造研究现状

（1）国外研究现状

①绿色制造的影响因素研究

Sezen 等（2013）将绿色制造的影响因素归纳为政策导向、市场导向、组织导向和领导偏好。Lee 等（2013）在对中国台湾工业的研究中发现，产业集聚通过技术溢出、企业竞争，促进企业提高生产效率，因此产业集聚能够推动绿色制造的产生。Ghazila（2015）采用德尔菲法对马来西亚制造业实施绿色生产的驱动因素和障碍因素进行调查分析，研究结果表明绿色制造对企业的形象和竞争力有着正面作用。Kreitlein 等（2015）对印度汽车行业绿色供应链管理的关键因素进行了实证研究，认为相对健全的法律、法规有助于企业推进绿色制造。Rumanti 等（2017）通过对东南亚中小企业的研究发现，企业管理者更偏好于通过产业链合作的方式发展绿色制造，原因在于这种方式更有利于掌握市场动向并能合理规避市场风险。

②绿色制造实践与应用方面的研究

Duflou 等（2012）用不同的评价方法评估了零件机械加工过程中的能量消耗问题，分析了能源需求差异与制造工艺过程环境影响差异的关系。Balogun 等（2013）明确了离散制造过程中的能量输入问题，建立了加工过程中能源需求的数学模型。Rostamzadeh 等（2015）提出了基于模糊理论和 VIKOR 方法的分层多准则决策模型，对企业绿色供应链管理进行了综合评价与决策。Schuh（2015）构建了基于需求响应行为的仿真模型，提出将高能耗作业转移至电价低迷期，避免高峰负荷，为制造企业降低生产电费。Verma（2016）提出可利用精益生产的工具——价值流图方法来减少能耗，实现绿色生产。Alay（2016）提出了纺织产业的三个绿色发展原则：环境友好的原材料、最低的生产过程有害物质排放以及成品的可降解性，并据此改进了生产工艺。Biel（2016）提出将生产系统产生的余热转化为电力重新用于加工过程，并对余热再利用后的批次规则进行了研究。Schultz（2017）在生产控制模型中加入载荷管理模块，认为减少计划荷载与实际荷载之间的差异有利于降低能源消耗。更多学者选择通过智能算法进行生产系统的能耗、排放以及其他指标的优化：Shrouf（2017）提出涵盖工序、机器、生产线以及生产系统的多层次能源意识的概念，将最小化能源使用成本与CO_2的排放量作为生产计划与调度的目标之一。Plitsos等（2017）针对以生产能耗与生产时间两类指标为优化目标的生产调度问题，提出了一套包含资源约束、数据需求以及迭代邻域搜索算法的决策支持系统。这类研究多将生产过程中的经济指标与绿色制造相关指标相结合进行综合优化，但仅从作业计划与调度的角度着手，改进效果有限，且不同生产系统适用于不同的优化模型，可借鉴程度较低。

（2）国内研究现状

在国内，从20世纪90年代开始，学者们从不同方面对绿色制造应用研究进行了积极的探索。向东等（2000）在产品绿色评价的过程中第一次把“绿色度”的概念引入评价体系当中。汪应洛等（2001）在绿色制造理论的基础上提出了供应商选择的方法，并研究了实施绿色制造的内部激励制度。王能民和孙林岩等（2001）采取博弈论的方法，优化了市场、政府和制造团队的管理机制，解决了实施绿色制造过程中的主要矛盾。陈冲（2002）通过对绿色制造相关理论的梳理，构建了汽车行业绿色制造评价指标体系。刘光复（2003）在结合绿色产品特点的基础上，建立了一套绿色产品评价指标体系，该体系采用模糊层次评价的方法对产品的绿色度进行全方位的评价。李海萍（2005）认为，企业发展绿色制造能带来环境效益，但是环境效益向经济效益转化需要通过建立排污权交易制度和绿色会计核算体系制度来实现。陶晋（2006）在现有的绿色制造理论基础上，建立了汽车企业绿色制造评价模型，分析现实中汽车企业的绿色制造模式，总结汽车企业中的绿色制造原理。张勇（2006）运用系统动力学探讨了绿色制造系统的发展规律，从宏观和微观两个方面为绿色制造提供支持。王能民等（2007）从环境管理角度出发研究绿色制造，将环境管理与绿色供应链相结合，对绿色战略实施中存在的市场、组织与技术问题进行了分析，并提出了相应的对策，通过引入江苏省的案例，对各个省如何发展绿色制造提出了建议。袁珊珊（2012）从分析绿色制造的内涵入手，研究了绿色制造的目标及其集成特性，指出了绿色制造的必要性。在此基础上，建立了机电产品绿色制造集成框架，从绿色资源、绿色生产和绿色产品三个方面对绿色制造进行了论述。丁丰梅（2011）从绿色设计制造理念出发，提出了基于绿色制造的干切削刀具材料的选型方法，以及干切削加工工艺规划模型设计方法，尝试利用绿色制造的相关技术解决切削液回收利用、切削噪声消除等切削加工污染问题。牛印宝（2014）分析了在绿色制造中处于关键地位的刀具，对影响刀具评价的因素进行研究，并建立了刀具评价体系。李先广（2014）建立了齿轮加工过程碳排放计算模型，对加工过程中的碳排放特性、资源耗费、废料处置进行了充分的分析，获取了齿轮生产成本以及资源消耗水平的相关资料。程亮（2015）探讨了绿色制造背景下机床加工生产线切屑及切削液的集中处理方式及应用。祖鹏阳（2019）通过研究发现环境规制在绿色制造过程中对企业经济绩效具有一定的影响，绿色技术创新在绿色制造对企业经济绩效的影响中发挥中介作用。

从已有研究来看，国内外研究主要集中于绿色制造的影响因素、评价模型、实践模式以及工艺方法等。由于企业制造尤其是企业的绿色制造中蕴含着丰富的创新内涵以及环保理念，因此对区域范围内的绿色协同创新而言具有积极的理论和现实意义。企业如何在其内部实现绿色制造的创新，又如何将绿色创新传递给其他企业从而实现绿色协同创新，是本书需要重点解决的问题，因此绿色制造作为创新的摇篮，其涉及的创新主体、创新领域、创新方法以及创新路径都是开展本书研究的重要前期基础。

3 辽宁先进装备制造业绿色协同创新网络的架构研究

3.1 辽宁先进装备制造业绿色协同创新网络的边界与特征

3.1.1 辽宁先进装备制造业绿色协同创新网络的边界

辽宁先进装备制造业绿色协同创新是指先进装备制造业内的绿色创新。在辽宁省区域范围内，以沈阳和大连为核心区域，通过内部联动实现各地区的绿色创新发展，并最终实现对省外乃至全国范围的辐射。在辽宁先进装备制造业绿色协同创新网络内，辽宁省各地区的科研机构、科研人员在区域内协同合作，通过打造区域科技创新平台，最终实现先进装备制造业科技创新效益最大化以及科技创新能力的提升。

辽宁先进装备制造业绿色协同创新网络是在省域范围内由多个专业

分工链条以及不同企业间的交换关系所组成的复杂产业生态网络。目前来看，辽宁先进装备制造业绿色协同创新的专业分工链条包括以沈阳为核心的汽车制造产业网链、仪器仪表制造产业网链和以大连为核心的重大装备制造产业网链、先进轨道交通产业网链、高档数控机床产业网链、集成电路产业网链。整个网络以这两个城市为核心，通过城市内部网络以及与周边城市和地区产业网络的相互链接与嵌入，进行生产、创新与环保间的相互嵌入。

随着其产业链的拓展，该协同创新网络的边界会延伸至更广的区域范围，因此其区域边界具有典型的灰色特征。由于先进装备制造产业内部各个子产业会形成具有创新能力和生态倾向的专业分工链条，因此根据产业链辐射理论，其作用必然存在场势范围的限制，即具有边界性特征。这种边界不仅是产业的区域边界，而且是产业辐射所及的最外围。基于上述考虑，辽宁先进装备制造业绿色协同创新网络的区域范围界定需从地理区位、产业链边界两个角度予以综合考虑。

在地理区位上，辽宁先进装备制造业绿色协同创新网络以区域层面的核心优势产业为载体，地理边界以核心优势产业的场势范围为准。在产业链边界上，由于在核心优势产业所处的地理区域内必然存在企业间的联系，产业链边界实质上就是以契约关系和生产要素共享或互补为主导的关联范围。因此，辽宁先进装备制造业绿色协同创新网络的场势范围在辽宁省区域范围内具有最为有效的创新价值、经济价值和生态价值。

3.1.2 辽宁先进装备制造业绿色协同创新网络的特征

辽宁先进装备制造业绿色协同创新网络作为多维度协同创新与生态功能有机整合的网络组织，在运行中表现出空间结构的层次性、理论框架的系统性和组织功能的集成性三个鲜明特征。

1）空间结构的层次性

辽宁先进装备制造业绿色协同创新网络是与地域空间上社会经济活动紧密相联的一种网络组织，就空间层次结构而言，辽宁先进装备制造业绿色协同创新网络的发展主要在企业、产业和区域三个层面上逐步展开。一般来说，将企业定义为微观层次，将产业定义为中观层次，将区域界定为宏观层次。在企业层次，主要通过产学研合作的方式实现先进装备制造企业在节能减排、绿色生产和资源循环领域的创新发展。在产业层次，主要通过市域内以及临近市域内产业间的技术、工艺、信息等的交互和学习，形成多个企业间或产业群内部产品、技术、信息的流通，把不同的企业及其产业链集聚到一定的小范围区域内，以实现资源共享，从而实现工业技术、信息技术和经济措施的优化配置组合，形成一个产品、技术与信息双向嵌入的共生体系，实现小范围空间内先进装备制造产业的集聚性发展。在区域层次，通过建立基于辽宁地区的先进装备制造业绿色协同创新网络，实现产业创新发展与可持续发展的共享。该层面的先进装备制造业绿色协同创新网络突破了企业、产业集聚的限制，形成了由众多要素参与和组成的“创新-生态-经济”三维系统。在更广阔区域层面的辽宁先进装备制造业绿色协同创新网络通过对主导产业及其支撑体系的全面整合，在全国乃至世界范围内实现了技术、知识、人才等的协同创新。

2）理论框架的系统性

多学科交叉的辽宁先进装备制造业绿色协同创新网络从载体构成来看，其依托于区域内的产业集聚。因此产业集聚理论中所涉及的区域效应、竞合机制、产业治理以及内部运作管理层面的研究都为本书提供了广阔的研究视角。从研究基础来看，辽宁先进装备制造业绿色协同创新网络的研究基础与产业创新和产业生态学具有紧密的关系。其借鉴了产业链创新和产业共生的研究思路，在产业链研究的基础上整合产业生态的思想精髓，将产业链的创新同产业间的物质循环相整合，形成一种复杂的动态性绿色创新网络。

3）组织功能的集成性

辽宁先进装备制造业绿色协同创新网络作为一个开放的复杂系统，其组成要素和子系统除了按照自身客观规律自组织运行外，还在更高的层面和更大范围内进行他组织与自组织相结合的相互影响、相互作用与耦合。从要素和子系统组成的角度来讲，辽宁先进装备制造业绿色协同创新网络的行为主体包含企业、政府、公众等，其客体包含产业体系、生态环境、社会文化等。在社会经济活动的运行过程中，这些主体和客体的组分之间始终存在着复杂的相互作用和影响，进而逐步形成了省域范围内的绿色协同创新网络体系。这种复杂的相互作用和影响主要通过对物质流、资金流、信息流、能量流、价值流和文化流的交互响应来实现。

辽宁先进装备制造业绿色协同创新网络作为一种区域创新体系和可持续发展模式，具有自身的独立特征，主要体现在以下三个方面：

（1）新的系统观

辽宁先进装备制造业绿色协同创新网络下的系统观要求人们在考虑生产、流通、交换和消费的整个过程时不再置身于系统之外，而是要将自己作为这个大系统的一部分来研究其客观的运行规律；同时还要将企业、产业、市场、政策体系等作为子系统来综合考量各子系统互动下的全新的综合大系统。

（2）新的生产观

辽宁先进装备制造业绿色协同创新网络的生产观念是在兼顾自然生态系统稳定发展的同时，以最小的资源投入获得更高的经济产出；同时，不断地开发和运用新的科学技术，以不断促进区域产业协同创新发展，提高资源的利用效率，使生产、经济、生态三者之间均衡而和谐地发展，从而在本质上提高产业系统的效用。

（3）新的主体观

辽宁先进装备制造业绿色协同创新网络作为一种具有复合功能的创新网络，其参与的主体不仅包括供应链上的生产流通企业，还包括在所有的生产流通企业间建立直接或间接互动关系的各类企业、政府、高校与科研机构、中介服务机构以及社区公众等。这些主体根据其发挥作用大小以及能动性强弱的不同，所处地位和互动方式均会产生相应变化。

3.2 辽宁先进装备制造业绿色协同创新网络的结构

3.2.1 辽宁先进装备制造业绿色协同创新网络的行为主体及组织层级

1）行为主体

辽宁先进装备制造业绿色协同创新网络的行为主体由企业、政府和其他利益相关者组成。其中，企业是绿色协同创新网络发展的基本载体，特别是在产业体系构建上，企业是最基本的组成单元。政府在宏观调控、政策法规制定和区域利益协调上发挥主导作用，并在该模式的运作过程中扮演“实践者”与“推动者”的双重角色。其他利益相关者是该模式有效运作的重要推动者，他们在社会层面的废弃物回收利用、资源高效利用问题上对绿色协同创新发展目标的整体实现起着关键性作用。

（1）企业

企业作为辽宁先进装备制造业绿色协同创新网络的实施主体，要配合各级政府的政策法规和发展规划，科学处理自身发展与绿色创新发展之间的关系。其主要包括供应商、生产商和企业客户。这些企业以区域内的企业群为载体，通过实施自身内部的绿色化创新，将产品责任延伸到产品的整个生命周期中，使创新技术、观念和生态效应在产品链和价值链上传递，并凭借同质类企业间的竞合关系在区域产业共生网络间扩散。其中，供应商通过绿色创新产品的研发和设计提升整个网络的创新绩效和实施水平。而作为上游供应方的供应商凭借自身的优势，也拉动了下游生产商实施一系列的技术创新和产品环境友好性改进，从而带动整个价值链的绿色化管理。生产商在竞争压力、环境规制和市场导向因素的共同作用下，会通过关注自身在加工制造环节的清洁生产促进制造流程的绿色化创新，使自身作为绿色协同创新网络运作的核心节点发挥绿色创新的凝聚作用。企业客户则通过市场压力和环保需求来推动绿色协同创新网络的形成与发展。这些企业客户可能是中间商或零售商，也可能是最终的消费者。随着市场竞争的加剧，需求方在供应链中的地位逐步提升。在这种背景下，满足客户的个性化需求和高标准是企业及其价值链取得竞争优势的关键。因此，客户可以通过环保和创新理念来引导供应商和生产商产生绿色协同创新偏好，从而推动企业自发地融入绿色协同创新网络。

（2）政府

政府是绿色协同创新网络有效运作的重要主体，但其在不同时期发挥的作用、扮演的角色略有差异。在绿色协同创新网络运作的初期，政府发挥主导作用，主要表现为各级政府在绿色协同创新网络的发展中不直接干预市场，主要起监督、管理、规范和引导的作用，承担制定政策法规、编制发展规划、组织试点、加强宣传教育、提供行政指导和必要的咨询服务等职责。随着绿色协同创新网络的不断成熟和完备，政府的主体地位开始弱化，主要承担各项政策、制度的完善及对其他主体的服务和引导职能，即政府职能的退出。

（3）其他利益相关者

对绿色协同创新网络而言，其他利益相关者主要包括高等院校与科研院所以及中介机构。其中，高等院校与科研院所的主体地位主要体现在为绿色协同创新网络的理论创新和技术创新提供理论指导和技术支持，并承担着建立和完善绿色协同创新网络的理论体系架构、推进技术创新生态化研究等职责。中介机构则是按照一定的法律、法规，在社会生活中承担服务、沟通、监管等职能，实施具体的服务性行为、执行性行为和部分监管性行为的社会组织。它是政府与社会、政府与市场之间的桥梁与纽带，具有自我管理、自我约束的能力。中介机构作为在市场交往中连接政府、市场和各类企业、公民的纽带，能够沟通协调多方关系、提供相关服务、监督和维护绿色协同创新网络的正常运行和各参与主体的合法权益。可以说，它在绿色协同创新网络的发展中发挥着政府和企业难以实现的纽带作用。

2）辽宁先进装备制造业绿色协同创新网络的组织层级

辽宁先进装备制造业绿色协同创新网络经济与生态功能的实现，与其网络架构内部各层级的相互协作有密切的关系。根据辽宁先进装备制造业绿色协同创新网络行为主体的不同，其组织层级主要包括内部核心层、中间过渡层和外部调节层，三者构成了辽宁先进装备制造业绿色协同创新网络的组织层级架构。

（1）内部核心层

内部核心层主要围绕供应链体系结构建立，包括生产商、供应商、分销商和消费者（客户）。其涉及的行为包括采购、生产、物流和消费。在内部核心层中，生产商处于主导地位，在先进装备制造业绿色协同创新网络中承担的主要职能是绿色生产创新。通过该行为与产品全生命周期理论的有机结合，生产商以绿色生产为切入点，在价值链上实现了拓展和延伸，在绿色设计、绿色采购、绿色制造、绿色包装和绿色物流等领域开展创新业务，并带动其价值链上下游的企业参与到绿色创新行动中。在先进装备制造业绿色协同创新网络下，供应商作为绿色创新的根源，主要通过履行绿色设计理念和持续提升绿色采购的标准，从源头上实现辽宁先进装备制造业绿色协同创新网络的生态创新。分销商则主要通过绿色包装的改进和优化以及绿色物流来协助生产商完成商品运输环节的生态创新。若有部分产品需要回收和资源化，也可以通过分销商的上述职能来实现。对客户而言，绿色消费理念的普及是其生态创新职能实现的最好方式，它通过一种自愿的生态诉求来促使客户在消费产品时形成生态偏好，从而推动生产性企业主动参与绿色协同创新。

总体而言，在辽宁先进装备制造业绿色协同创新网络中，生产商、供应商、分销商和消费者之间通过绿色设计、绿色制造和产品再利用的创新，实现了内部核心层之间的互动协作和生态创新功能的整合。

（2）中间过渡层

中间过渡层主要为内部核心层提供生产、创新和生态方面的服务，它主要由技术设备及服务提供企业和废弃物专业处理企业构成。技术设备及服务提供企业主要是为内部核心层的企业提供它们生产所需要的各类物质和服务的企业。生产型企业与它们之间的合作具有随机和弹性的特征，即生产型企业在不同时期会与不同的技术设备及服务提供企业进行业务往来，以采购企业生产所用的设备或工件等。技术设备及服务提供企业包括物流、金融、中介服务、法律咨询等行业企业。它们不是生产型企业所着重依赖的企业，但是它们的参与却是生产型企业实现生态与创新功能所需要的。如生产型企业所用设备或工件的供应企业，就其职能而言，它们属于生产型企业的供应商，但它们的供应不具有长期性，双方之间的业务往来完全呈现出一种间歇且弹性的互动关系，这样的一种互动关系使得该类企业在绿色协同创新网络中只能处于从属地位。而对物流产业企业而言，它们将企业生产的产品或者废弃物等物资，通过特有的便捷途径迅速地送达目的地，一方面降低了生产型企业较高的运输成本，另一方面自身也产生了巨大的经济收益。金融机构主要是指银行、证券、风投等企业，它们为内部层面企业的运营提供直接融资服务，为这些企业的扩大经营乃至上市创造条件。废物专业处理企业主要是指对生产型企业在生产过程中产生的废物进行收购、资源化和无害化处理的企业。若生产型企业产生的废物具有较高的经济价值，废物专业处理企业往往采取主动方式与生产型企业建立长期的合作伙伴关系，并愿意支付给生产型企业一定的废物回收费用。若生产型企业产生的废物不具备较高的经济价值，或必须进行无害化处理，这类企业则会向生产型企业收取一定的处理费用，以维持自身正常的运营。总体而言，根据生产型企业废物产生的类型、多寡的不同，废物专业处理企业与生产型企业间的互动、资金流的方向、合作的紧密度等都会呈现出不同的方式。

（3）外部调节层

外部调节层主要是为内部层和中间层提供生活服务的一个特殊层级，以教育、文化、卫生、餐饮、娱乐、住宿等人居和社区服务业为主。从经济方面来看，这一层级内的企业类型主要为消费性服务业和公共服务业企业，是从人居角度为辽宁先进装备制造业绿色协同创新网络内各类企业的生存和发展提供适宜的生活环境。

综上所述，在辽宁先进装备制造业绿色协同创新网络中，内部核心层、中间过渡层和外部调节层有机整合，形成了具有三个层级的组织结构，并通过经济与生态、合作与竞争、生产与生活等诸多功能深入而密集的耦合，形成了基于产业网络组织架构的辽宁先进装备制造业绿色协同创新网络组织框架，从而为进一步发挥辽宁先进装备制造业绿色协同创新网络的效应职能奠定了组织基础。

3.2.2 辽宁先进装备制造业绿色协同创新网络中的组织行为

在辽宁先进装备制造业绿色协同创新网络下，三个层级内的各类企业在相互协作过程中所产生的组织行为对该模式创新和生态功能的实现具有直接作用。这些行为根据其实现功能的不同可以归结为两类，即绿色供应链创新行为和企业间资源共享创新行为。本节将从上述两方面入手，对辽宁先进装备制造业绿色协同创新网络下的各个组织行为进行深入解析。

1）闭环绿色供应链创新行为

所谓闭环绿色供应链创新行为，是指在辽宁先进装备制造业绿色协同创新网络下，在企业间所形成的闭环绿色供应链中，为实现创新和生态功能，企业个体或企业间所产生的各种行为。其主要包括绿色采购创新行为、绿色设计创新行为、绿色制造创新行为、绿色物流创新行为和绿色消费创新行为。

（1）绿色采购创新行为

采购是指从供应企业获取材料以满足生产产品或者提供服务的需求。采购的职责包括供应商选择、材料选择、外包服务、购买、物流和库存管理。由于材料选择是产品设计和制造的第一步，因此其绿色性对产品以及整个供应链条的绿色性具有极为重要的影响，因而成为绿色创新的核心环节。

企业绿色采购创新行为可以概括为以下几种方式：一是采购新型环保材料。新型环保材料通常是对已有材料的不足之处进行改进后获得的改良产品，其使用性能和工艺性能对能源与材料的节约以及环境污染的降低都具有积极的作用。二是采购资源丰富、获取便易、成本低、污染少的材料。成本较高的材料通常蕴含着巨大的开采成本和加工成本，随着资源的日益稀缺和人工费用的不断攀升，减少该类材料的采购，可以间接地减少开采所产生的生态扰动和加工工序繁复所造成的附加资源的消耗与污染。三是采购无毒害材料。这是需要遵循的最基本的采购原则，它主要包括三种方式：避免或减少使用蕴含有毒物质的原材料；使用贵重、稀缺、有毒材料的替代性材料；覆盖产品的生产或加工工艺，即使必须使用有毒材料，也需要对其最终回收处理进行妥善的规划。四是采购可回收利用材料。为减少最终废弃物的数量，需要尽量选择金属、塑料、橡胶、玻璃等可以回收利用的材料，以提高产品和废弃物的回收率。五是采购可再生材料。在不影响产品质量的前提下，力求选用可再生材料，如再生塑料、再生橡胶、再生玻璃等，以有效推动材料再生产业的发展，从源头降低原料的投入。

（2）绿色设计创新行为

绿色设计创新是绿色生产向上游的一种延伸，与传统设计不同的是，绿色设计创新需要在产品构思阶段将绿色化元素有机融入产品中，使其彰显绿色化的特征。绿色设计创新是指从产品的概念形成到加工制造、具体使用乃至再回收、再利用以及最终处置的各个时期都考虑将产品对环境的污染降到最低程度。生产商主要通过与设计商识别、确认现有产品的绿色化欠缺之处，以及开发全新的绿色产品来提升产品的环境友好倾向。在绿色设计创新过程中，研发商需要深刻理解产品本身的性能，再将其功效与环保理念有机结合，将产品全生命周期绿色化的构想融入各个设计环节中。其具体如下：一是产品概念创新，包括产品非物质化、产品共享、服务替代产品等。如以电子信息产业的云计算为例，今后云服务将全面取代安装软盘，从源头上实现电子软盘的零污染。二是产品功能和结构的创新，包括产品功能的集成化、产品可靠性和耐用性的提升、产品维护和修理的便易性、产品的模块化设计等。三是原材料利用的优化创新，包括采用清洁无污染的原材料、采用低能源消耗的原材料、尽可能使用或采用可循环再生的原材料。四是生产过程的优化创新，包括选择能耗少且对环境危害小的生产工艺、尽可能多地削减生产工艺环节、采用清洁能源、减少或自行处理生产废弃物等。五是产品配送系统的优化创新，包括精简产品包装、实行产品包装的再利用、开展绿色包装、合理规划运输路径减少能源消耗、建立完善的配送体系等。六是使用阶段的潜在环境影响创新，包括降低产品使用阶段的能耗、使用清洁能源、减少辅助品或消耗品的使用、采用清洁的消耗品或辅助品、减少消费过程中废物的产生。七是产品回收处理系统的优化创新，包括提升产品的可拆卸性、提高产品的重复利用率、产品废件的再制造、产品报废后原材料的再循环、废弃产品或废物的安全处理。

（3）绿色制造创新行为

绿色制造创新行为在绿色生产的全过程中居于核心层面，它主要依赖工艺规划的绿色化改进和清洁生产技术行动的开展。工艺规划的绿色化改进是一种致力于改善和提高工艺过程及其各个环节的环境友好性，使产品生产制造过程中的经济效益和环境效益双赢的规划方法，主要包括对工艺路线、工艺方法、工艺装备、工艺参数、工艺方案等进行优化决策和规划。就广义范畴而言，工艺规划的绿色化改进属于技术领域，与生产过程中的关键性技术有着密切的联系。它需要对每项工艺规划的具体细节进行环境友好性评价。工艺规划的绿色化改进以图纸、生产纲领、生产条件、技术资料、工艺绿色特性等作为主要输入元素，在此基础上对工艺路线、工艺方法、工艺装备、辅助物料、工艺尺寸、工艺参数等进行规划，然后对以上各项内容进行环境友好性评价，并遵循绿色化的原则和方法进行工艺创新，以最终获取符合绿色制造创新要求的工艺流程。而清洁化生产技术创新主要是从技术、生态、经济、法律和伦理等方面严格而全面地分析现有制造工艺，通过优化传统工艺、开发具有替代优势和全新的零污染的工艺技术等途径进行工艺技术的创新。

（4）绿色物流创新行为

绿色物流是指在物流过程中抑制物流对环境造成危害的同时，实现对物流环境的净化，使物流资源得到最充分的利用。绿色物流创新包括物流作业环节和物流管理全过程的绿色创新。从物流作业环节来看，包括绿色运输、绿色包装、绿色流通加工等。从物流管理过程来看，主要是从环境保护和节约资源的角度出发，改进物流体系，既要考虑正向物流环节的绿色化，又要考虑供应链上逆向物流体系的绿色化。绿色物流创新的最终目标是可持续发展，实现该目标的准则是经济效益、社会效益和环境效益的有机统一。在绿色协同创新网络中，绿色物流创新行为主要可以概括为正向物流创新行为和逆向物流创新行为两类。

其一，正向物流创新行为。它主要是指产品在配送过程中所进行的废旧产品收集、产品与物料存储以及产品配送、库存、材料转移、网络规划与管理及车辆调度等行为。在正向物流的所有创新行为中，包装是重要的一环。绿色包装创新就是采用能够循环使用、可再生利用或能够降解腐化，且在产品的整个生命周期中对人体及环境不造成危害的适度包装。目前，从绿色包装创新的实现方式来看，其主要包括三种：一是包装设计的绿色化创新，主要是减少包装层次、重量、体积和数量，扩大包装容积，设计如塑料、木箱、玻璃、金属等可循环利用的包装形式等。二是包装材料的绿色化创新，主要是对现有的包装材料进行开发和深加工，在不断完善其功能的基础上，使用轻量化、无毒化、便携化的新型包装材料，并优先选用可重复利用或可再生、可降解乃至天然生物的包装材料。三是绿色包装的回收处理创新。物流企业、生产商或分销商需要对包装物进行分类回收，鼓励包装的重复使用，一次性包装应在回收后对其进行相应处理；对于可再生的包装物，则通过机械回收或化学回收的方法，使其能够重新投入使用。

其二，逆向物流创新行为。它主要是指将材料、元件和产品返回到正向物流链条中，是一种减少资源使用的环境友好行为。其具体包括收集、分拣、稠化或拆卸、转化处理、递送和集成环节，其中产品回收是关键。在回收阶段，零部件的回收可分为两类：一类是针对可拆卸部件的拆卸回收，回收的方法有重复使用、拆卸后回收、作为材料回收、填埋焚烧。对不可再分解的零部件的整体回收主要通过持续使用、作为材料回收、填埋焚烧来实现。从回收渠道来看，该流程可以由一个或多个企业来承担，所采取的形式可以是控股、委托、外包乃至公益性的设施。根据承担者的不同，回收的渠道模式可分为生产商承担回收模式、生产商外包回收模式和第三方承担回收模式三种。其中，生产商承担回收模式主要由生产商来负责回收工作，其优势是有利于获得关于产品改进的直接信息，并树立自身良好的品牌形象；缺点在于会增加企业的生产成本。生产商外包回收模式是指由相关专业机构负责回收。它有利于降低收集和储存废旧产品的成本，经销商也可以通过回收产品过程中产生的新需求而获得利益。

（5）绿色消费创新行为

绿色消费是指通过购买减少自然资源和危险材料使用的产品，间接减少服务或产品生命周期中所产生的废物和污染物，在不危害子孙后代利益的同时提高生活质量。可以看出，绿色消费是公众可持续发展思想的全面体现，它不仅是一种前卫的消费行为，更是一种具有前瞻性的消费哲学和消费心理。它的创新包含三个层面的含义：一是在消费内容上，倡导消费者在消费时选择纯天然的或未被污染的绿色产品；二是在消费过程中要关注垃圾的最终处置，积极投身于垃圾的分类回收；三是在消费观念上，引导人们追求简单舒适、环保健康的生活方式。在绿色协同创新网络下，根据绿色消费实施主体的不同，绿色消费创新行为可分为顾客绿色消费创新行为和客户绿色消费创新行为。这两种绿色消费创新行为主要是指在绿色协同创新网络下，选购该模式下企业生产的核心产品的顾客、（企业）客户参与产品回收、废物分类回收、绿色产品优先选购、产品使用过程中的资源和能源节约等的行为。这些行为多以舆论、投诉、订单要求的方式影响生产型企业的日常经营管理，从而形成一种基于绿色需求的信息流传递模式。

2）企业间物质循环交换创新行为

在绿色协同创新网络中，企业间在长期的发展过程中基于经济方面的考虑，自发形成了多个除供应链关系外包括能源、材料、水、副产品、废弃物等在内的循环交换，从而实现了绿色协同创新网络的生态功能。具体而言，这些功能包括资源循环利用创新行为和副产品及废弃物交换创新行为两类。

（1）资源循环利用创新行为

在绿色协同创新网络中，各企业之间存在着能源、材料和水的梯次利用机会，这些资源的循环流动通过强化企业之间的物资减量化过程，减少了园区固体、液体和气体等废弃物的排放，提高了资源的使用效率并保护了生态环境。能源的循环利用主要包括在热电联产系统中，高、中温蒸汽先用来发电（或用于生产工艺），低温余热用来向其他企业或住宅供热等。在材料方面则包括金属材料的回炉重铸、非金属残料的替代性使用、高分子材料的重塑等。而水的循环利用主要侧重于雨水的收集利用、海水的循环利用、高温用水的梯级利用等。

（2）副产品及废物交换创新行为

在绿色协同创新网络下，除了闭环绿色供应链行为外，最有特色的就是构建了一种类自然生态系统的产业经济网络。它由一系列废物和副产品链接关系所构成，网络上节点间的副产品或废物关系可以被简单描述为一家企业的副产品或废物是另一家企业的原材料。副产品交换系统由一系列的产业制造机构、副产品交易商、资源再生与循环机构以及其他各种从事副产品加工、处理和服务的企业与机构等核心要素组成。这些系统要素在产业协同创新网络内协调运作，扮演不同的角色，共同完成副产品的交换过程，实现资源的循环流动。所有参与的企业一方面向其他企业提供各种各样的废物；另一方面也接受各种不同类型企业的生产废物。在一家企业不能全部用尽的废物，可以通过企业间的绿色协同创新网络与其他企业共享。产业部门是副产品和废物交换系统中的主体单元，既是副产品和废物产生的源头，又是副产品的最终吸收者。在此过程中，伴随着加工、处理和循环流动等环节，产业部门产生的副产品首先在各企业之间进行循环和交换，当无法再进行利用时，由副产品交易商进行收集和处理，然后再由产业部门的企业进行重复利用。然而这种基于副产品和废物的交换并不是绿色协同创新网络生态职能的唯一表现形式，在很多情况下，副产品只是连接企业的纽带，还包含一些诸如信息流、人才流、资金流等能促进整个绿色协同创新网络发展的其他重要资源。在绿色协同创新网络中，企业都是以紧密、半紧密或松散的关系而存在的。

3.3 辽宁先进装备制造业绿色协同创新网络的功能

3.3.1 辽宁先进装备制造业绿色协同创新网络的经济功能

辽宁先进装备制造业绿色协同创新网络的经济功能包括两方面的含义，即规模经济和范围经济。其具体是指盈利水平的高低，主要来自企业的内部规模经济和网络整体所形成的外部规模经济。对辽宁先进装备制造业绿色协同创新网络而言，其规模经济效应更多地来源于其外部经济功能。

1）辽宁先进装备制造业绿色协同创新网络的规模经济功能

辽宁先进装备制造业绿色协同创新网络的规模经济功能体现在省域主体内错综复杂的绿色产业网链关系上，形成了区域内外部规模经济效应。其中内部规模经济效应的形成根源于产业集聚所带来的集聚优势。随着产业集聚内企业数量的增长，其产量也持续增长，加之彼此间基于产品、副产品与废物的循环与再利用，企业的经营成本随之降低；同时由于彼此均处于同一区域内，相互联系、沟通较为便捷，因此搜寻成本也相对较低。这也进一步推动了小范围区域内绿色创新产业网链的延伸与拓展，并产生了自强化作用，增强了网链本身的稳定性，从而提升了整个绿色协同创新网络的经济与生态绩效，进一步刺激了企业产量的增长。由于辽宁先进装备制造业绿色协同创新网络内企业数量与产量的增加，其经营成本与交易成本下降，企业利润随之增长。由于核心企业位于产业集聚区域内，外部企业在一定的区域范围内搜寻自身所需要的产品与原料的成本得以最大限度的降低。而且集聚区域内的企业比非集聚区域内的企业能够通过供应链、价值链的集聚吸引到更多的顾客，获得更多的交易订单，这也会进一步刺激企业群数量和产量的扩张，最终形成辽宁先进装备制造业绿色协同创新网络的内部规模经济效应。

同时，辽宁先进装备制造业绿色协同创新网络的外部规模经济效应也获得了进一步的显现。其主要表现为企业间基于技术、设备、信息、人才、服务、资源乃至副产品与废物等的共享所产生的经营与交易成本的节约，而且随着协同创新网络的发展日益成熟，分工与协作日趋完善。这种发展态势使得企业内的各项资源与服务能通过“外包”等方式为其他企业所共享，最终使得辽宁先进装备制造业绿色协同创新网络下产业网链的成本随着企业产量的增加而递减，从而使各个企业获得更强的外部规模经济性。

2）辽宁先进装备制造业绿色协同创新网络的外部范围经济效应

辽宁先进装备制造业绿色协同创新网络还具有突出的外部范围经济效应。这主要源于网络内同质类企业大多进行专业化生产，而非同质类企业间由于形成了基于专业化分工的紧密的网链关系，企业间的交流与沟通相对频繁，加之各企业间资源、信息、服务等的共享，其经营成本自然减低，从而形成了源于异质类企业的整个绿色协同创新网络的外部范围经济效应。

3.3.2 辽宁先进装备制造业绿色协同创新网络的创新功能

辽宁先进装备制造业绿色协同创新网络的创新功能是指在网络中单元个体之间存在着资源、知识和信息等的相互流动，而不是单向效应，这种互动性使得该模式下企业的技术外溢；工人熟练程度、区域环境扰动、一定范围内企业的运营管理方式得到改善；工艺设备、市场信息传递以及资源效率得到持续改进。

1）资源的共享

在绿色协同创新网络的创新作用下，资源流动体现在企业间的各种交易行为中，无论是在供应链体系中，还是在副产品和废弃物的循环交换过程中，资源流动均支撑着整个模式的有效运作。因此，从某种意义上来说，自上而下的正向资源流动和自下而上的逆向资源流动，以及彼此间的资源交换，都是这种资源互动关系的一种体现，均会不同程度地促进辽宁先进装备制造业绿色协同创新网络的经济功能创新和生态功能创新。

总体而言，在资源流动中，各类资源在协同创新网络体系内的流通和交换有利于依据市场规律形成公平公正的废物资源化价格体系，使各类知识、产品、副产品和废弃物都能够以产品的身份有效地融入经济体系中，以提升自身价值，降低企业成本。同时，在绿色闭环供应链体系中，尤其是逆向物流的实现，将供应链的单向流通变成了企业与客户或顾客间的双向互动，不仅提升了企业的资源效率，也有效推动了客户参与企业的生产实践，从而为生产企业不断改进和提高自身产品质量以满足消费者的需求创造了条件。

2）知识的创造

由于辽宁先进装备制造业绿色协同创新网络形成了错综复杂、相互交织的产业网链，在这些网链之间不仅存在着物质流，而且存在着知识流。在辽宁先进装备制造业绿色协同创新网络这样的复杂系统中，知识能够在各个主体的相互作用下随机而自发地涌现，并在整个网络中随着环境的变化产生新的创新理念和活动。这种创新不仅包括知识创新、技术创新，还包括生态创新。而三者的相互促进使辽宁先进装备制造业绿色协同创新网络中的大型核心企业、中小（民营）企业在彼此相对熟识的情况下能够进行更为紧密的合作与生产资料的共享，由此形成了上下游互动的知识流通关系，也进一步强化了企业上下游的合作关系，为区域及省域范围内专业分工链条的良性竞争提供了有力支撑。

3）信息的交互

在辽宁先进装备制造业绿色协同创新网络中，企业间对知识、技术、副产品与废物、资源再循环等方面信息的关注与需求，使得企业对信息透明化、对称性的要求较高。为了保障企业间物质、资源交换与流通的顺利进行，有效降低企业的信息搜寻成本与交易成本，企业往往通过与供应链上的企业相互合作，纵向开展各类信息的传递与交互。同时，同质类的竞争企业为了使自身获得突出的竞争优势，通常采取跨链间的信息互通与共享，在同质类企业存在产品、设备、副产品、废物等方面的需求时，形成闭环绿色供应链簇群间的信息互动。此外，各个企业生产中产生的产品、技术、副产品、废物信息的相对公开与透明，也有利于有此需求的企业在开放交互的环境中以市场价格获得所需，从而降低企业的生产成本或增加额外收益。

3.3.3 辽宁先进装备制造业绿色协同创新网络的生态功能

辽宁先进装备制造业绿色协同创新网络为降低外部不经济性而形成了若干联系紧密、功能创新和生态功能突出的产业网链关系，通过对副产品和废物的资源转化能力的提升，形成产业循环性、产业多样性和价值链增值效应，从而实现资源能源减量化、相对扩充环境容量的效果。由于辽宁先进装备制造业绿色协同创新网络中专业化分工程度相对较高，能将某一特定产品的生产过程分解为众多零部件的生产，甚至一道工序的生产都可以分别由专业化的中小企业进行，因此能形成完整的专业化分工协作网络。通过资源整合，在以城市为单位的区域范围内可以实现原料和能源的充分利用，从而减少消耗、降低投资和生产成本，实现部分资源的共享或循环利用。此外，由于配套能力较强，科研机构相对健全，加之企业集聚产生的规模效应有利于废弃物的集中处理与利用，以及减少环境污染；同时，利用产业集聚这种新的组织形式，能提高企业外部范围经济效应，节约治理环境的成本。

在这一过程中，首先是在资源能源减量利用的基础上，通过促使副产品和废物在产业内或产业间多渠道、多环节、多时空的循环再利用，重新赋予它们全新的经济价值，减少其对环境的扰动。因此从本质上来说，生态功能是在保持产业集聚外部经济性的基础上来抑制其外部不经济性，通过生态集聚来提高区域环境的承载能力和实现可持续发展，从而形成生态经济的发展格局。

4 辽宁先进装备制造业绿色协同创新网络的信任机制研究

4.1 理论框架

4.1.1 绿色协同创新的行为表征

企业绿色创新是指涉及绿色产品生产、绿色制造技术升级等有利于环境保护、改善生态环境以及增强企业核心竞争力的绿色行为。由于企业绿色供应链的整合能力使得个体组织为提高竞争优势会选择与资源互补的其他组织共同参与知识创造以及资源流入和流出的创新活动，进而形成协同创新网络。协同创新网络作为绿色创新的载体，有利于提高创新绩效，也促使绿色协同创新成为行业发展的普遍共识。绿色协同创新是对绿色创新和协同创新的整合，它以节能降耗、减排、改善环境质量为目标，利用组织间的特定优势，以协作的方式实现企业间的经济效益和绿色管理创新。对绿色协同创新的维度划分，一般沿袭创新的探索式和利用式两个维度。探索式绿色协同创新是指通过追求新的环境信息、知识和技能，来创造新的绿色市场和绿色产品。利用式绿色协同创新是在现有的环境知识、能力和过程的基础上，来改进现有产品和设计的绿色性能。考虑到本书所关注的问题，关于绿色协同创新的维度也从双维度的角度进行分析。

4.1.2 绿色协同创新网络信任的关键因子

1）网络嵌入

企业经济活动是通过社会网络内的相互影响和制约产生的。企业与各种网络之间的关系或依赖关系，即网络嵌入，是企业获取市场机会和经营知识的主要途径。网络嵌入包括结构嵌入和关系嵌入两个维度。结构嵌入是网络关系的配置，即参与者之间是否存在能够为企业提供恰当互动消息的网络联系，是关系嵌入发展的基础。关系嵌入被定义为网络中参与者通过相互作用而发展的社会关系。它作为企业之间相互适应、相互依赖和信任的原则，能够有效增加参与者之间的资源流动，并影响共享的知识类型。由于本书主要探讨基于绿色协同创新的企业间的信任关系，因此在本书中网络嵌入主要是指关系嵌入。

2）信任

关于信任的研究最早可以追溯到20世纪60年代，它是指一种愿意依赖一个有信心的交换伙伴的意愿。信任也被定义为基于对他人意图或行为的积极预期而形成的一种心理状态，这种心理状态包括坚信双方不会利用对方的弱点来获利的意愿。关于信任，大多数学者认为其包括理性和情感两个维度。在理性方面以认知信任为表征，它是指合作伙伴拥有满足自身期望所需的专业知识和资源，企业对合作伙伴履行义务的意愿、承诺和能力有信心。在情感方面则表现为情感信任，它是指企业相信合作伙伴能够以基于合作双方共赢的方式开展合作。考虑到本书的研究对象为企业问题，信任多以商业利益为基础，因此选取认知信任作为信任的主要指标。

3）承诺

承诺的概念最早可以追溯到20世纪60年代，它被用来描述个人对特定组织的认同和参与的相对强度，是交换伙伴之间关系连续性的一种隐性或显性保证。它被定义为“合作关系中双方组织和员工对彼此的认同感、员工与组织之间的关系以及是否与组织合作的决定所涉及的情绪和心理状态”。在其维度划分上，大多数学者支持承诺的三个维度划分，即情感性承诺、持续性承诺和规范性承诺。情感性承诺指的是成员对组织的情感依恋、参与和认同；持续性承诺指的是成员离开组织所涉及的感知成本；规范性承诺指的是成员对所在组织的义务感。由于本书主要探讨企业间绿色协同创新的形成机制，因此对于承诺的考察更倾向于情感维度。

4）心理契约

心理契约的概念最早由阿吉里斯（Argyris）提出，它是指雇佣关系中双方组织和员工对彼此义务的认知，这种认知可能是基于正式合同的结果，也可能源于对对方期望所带来的暗示，即在个人与组织关系中，基于给定承诺的相互义务，双方都投入到该关系中，并期望为各自带来积极的结果。心理契约是动态的、个体的和独特的，一般认为心理契约包括两个维度：交易型心理契约和关系型心理契约。交易型心理契约强调的是纯粹的经济、货币和物质，以交易型心理契约为导向的企业将其合作者视为收益来源的主要渠道。关系型心理契约是建立在相互信任和忠诚基础上的长期合作，它被描述为“高度的情感承诺、强大的成员组织整合以及建立在传统和历史关系上的稳定性”，它的稳固性相对更强。考虑到本书主要关注企业间的合作，因此主要侧重对关系型心理契约的考察。

4.1.3 绿色协同创新网络信任机制的理论模型

1）研究假设

（1）网络嵌入与信任

信任是关系资本中的重要组成部分，企业间的交互行为源于对合作伙伴的信任。嵌入性观点认为信任的增加是积极经验积累的结果，嵌入到有凝聚力的网络中会加速信任的建立。关于网络嵌入和信任之间的关系，学者们通过实证研究支持了网络嵌入对信任的影响。在企业投资与回报的研究中，网络嵌入表现出对信任感和可信度的积极作用。Buskens等（2015）也发现学习和控制会通过网络层次的嵌入性影响信任。从心理学范畴来说，情感信任是发自内心的信任，积极关系会增强网络嵌入对情感信任的影响。在对产业集群的研究中可以发现，网络嵌入与地理邻近性的结合也会促进产业集群内部关系与情感信任的建立。同时，由于企业会通过与合作伙伴的网络嵌入促进企业间的资源共享与信息交流，因此网络嵌入在一定程度上影响着认知信任，具体表现为企业在社会网络系统中嵌入程度越高，越有可能获取独特技术知识，从而增强认知信任。因此，本书提出以下假设：

H1：网络嵌入正向影响信任。

（2）网络嵌入与承诺

嵌入性主要通过连通性和凝聚力两个因素促进成员参与。连通性能够增强其他群体成员意图和行为信息的传播效果，当业务伙伴看到有机会与其他相关企业进行协商合作时，他们将增强对交易伙伴之间的承诺；而凝聚力创造了一种对集体的归属感，并通过唤醒责任感来强化成员的承诺。对伙伴关系的承诺一直被认为是长期合作的关键特征，而网络嵌入可以协调伙伴关系间的承诺和信任。合作伙伴可以通过嵌入性进行更多的互动，双方从中获得丰富的和一致性的利益，促进了承诺水平的提升。因此，网络嵌入程度越高，与其他成员直接或间接的联系就会加速信息的获取，从而进一步促进承诺的产生。Benton等（2012）在对日本外资关联公司知识管理影响的研究中发现，网络嵌入会使日资企业的管理者表现出更高的承诺水平。Zahoor等（2021）通过对中小企业进入后国际化承诺的驱动因素进行考察发现，关系嵌入会通过机会感知能力增强企业的国际化承诺。因此，本书提出以下假设：

H2：网络嵌入正向影响承诺。

（3）信任与承诺

信任是关系承诺履行的决定性因素，只有合作伙伴之间认为双方已经建立了信任，双方才会履行承诺。由于承诺一般会涉及某种程度的自我牺牲，在缺乏信任的条件下通常难以产生信任，因此信任被视为承诺的前提。已有研究表明，信任和承诺都是维持伙伴关系的关键要素，二者具有很强的相关性，即承诺是实现供应链整合的关键因素，而信任是培养这种承诺的根源。其根本原因在于合作伙伴间的交易承诺通常是以利益和感情为基础的，而利益和情感则主要依赖于信任。在供应链体系中，合作伙伴间的信任程度会增强承诺的履行程度，二者之间存在明显的正相关关系。Frasquet等（2008）的研究也表明企业对供应商的信任程度越高，对其承诺就越深。基于上述分析，本书提出以下假设：

H3：信任正向影响承诺。

（4）信任与心理契约

信任是心理契约的基础。心理契约有别于传统雇佣契约的一个关键特征是它的非正式性。心理契约不具有法律效力，很大程度上是基于一个明确的承诺或协议，因此非常依赖双方之间高度信任的关系。而信任存在于所有的心理契约中，其不同的基础、认知和情感深刻影响着交易型心理契约和关系型心理契约的形成。一般而言，个体对社会行为的理解会受信任的影响。在企业中，企业间的相互信任能够极大地促进其对共同心理契约的履行，从而使整体绩效水平最大化。而基于相互信任的合作企业，双方由心理契约建立起来的合作关系会更加稳固，能够使企业长久持续合作。此外，信任还会影响对心理契约的评价，从而影响组织间共同心理契约的履行程度。基于上述分析，本书提出以下假设：

H4：信任正向影响心理契约。

（5）信任与绿色协同创新

在绿色供应链体系中，协同创新建立在互信、开放以及利益共享的基础上。信任作为社会交换的促进因素，影响着供应链伙伴间协同创新的成效。信任会通过建立一个促进信息流动和隐性知识交流的平台来促进协同创新。当企业间保持高水平的信任时，知识、思想和信息能够自由地流动，并随着组织间信任和学习的不断深入，促使企业通过知识共享以及履行社会责任实现企业间的绿色协同创新。同时，组织间的信任可以通过有效促进外部知识的整合与应用，提高绿色协同创新绩效。此外，Fawcett等（2012）认为信任是协同创新能力的核心，并通过对238家供应链领先公司的定性研究发现合作信任是企业协同创新的催化剂。

Bstieler等（2014）也发现合作伙伴间的信任程度与知识转移和协同创新成果呈正相关关系。李行（2017）发现制造企业与供应商间的相互信任对其绿色协同创新成果具有正向的影响（即绿色协同与信任对制造企业绿色创新的影响）。因此，本书提出以下假设：

H5：信任正向影响绿色协同创新。

（6）承诺与心理契约

心理契约的基本要素包括承诺和信任。在当今的企业环境中，组织间的承诺被视为双方成功合作的关键因素之一，心理契约则能够以一种有益的方式将合作双方联系在一起，因此承诺被认为是影响供应链伙伴心理契约履行的重要因素。基于互惠原则，当一方通过承诺令人满意的合同“交易”来表达关心与支持时，另一方会以深厚的情感来回报，当合作双方建立了承诺之后，他们会对承诺的对象产生更强的心理依恋，从而促进心理契约的履行。同时，已有研究表明，心理契约的履行与组织间的承诺紧密相关，并会随着情感承诺水平的增强而增强。此外，一些学者也发现承诺与心理契约之间存在积极关系。Lester等（2002）认为心理契约代表了合作关系的平衡，而承诺有利于维护这种平衡，因此组织会通过提高承诺水平来促进心理契约的履行进而保持合作关系的延续。Coyle-Shapiro等（2000）在对感知契约行为与组织支持、组织承诺和组织公民行为的影响关系的研究中发现，组织双方的承诺对心理契约有着积极的促进作用。基于此，本书提出以下假设：

H6：承诺正向影响心理契约。

（7）心理契约与绿色协同创新

在供应链体系中，合作双方对心理契约的履行可以有效建立和维持成功的供应链关系，并提高协同创新水平。心理契约会有效促进知识共享，并以此影响协同创新绩效。一些学者在对虚拟社区的协同创新成果的研究中发现，参与虚拟协同创新实践的社区成员之间的心理契约对实践结果具有显著影响，各方心理契约的履行会直接影响协同创新的结果。Eva等（2019）也发现合作伙伴对心理契约的履行会影响双方及员工的创新行为和活动，进而提高企业间的协同创新绩效。此外，研发型组织的创新成果与心理契约的履行也密切相关，表现为心理契约中的工作设计维度的满足与协同创新成果存在正相关关系。考虑到绿色协同创新是协同创新的重要组成部分，因此本书提出以下假设：

H7：心理契约正向影响绿色协同创新。

2）理论架构

通过对绿色协同创新网络信任机制形成因素的分析，本书构建如图4-1所示的辽宁先进装备制造业绿色协同创新网络信任机制理论模型。模型中包括五项主因子：网络嵌入因素、信任因素、承诺因素、心理契约因素和绿色协同创新行为表征。其中，网络嵌入因素是拟影响绿色协同创新行为表征形成的初始动力，它会通过其他三个因子间的路径关系对绿色协同创新产生影响。

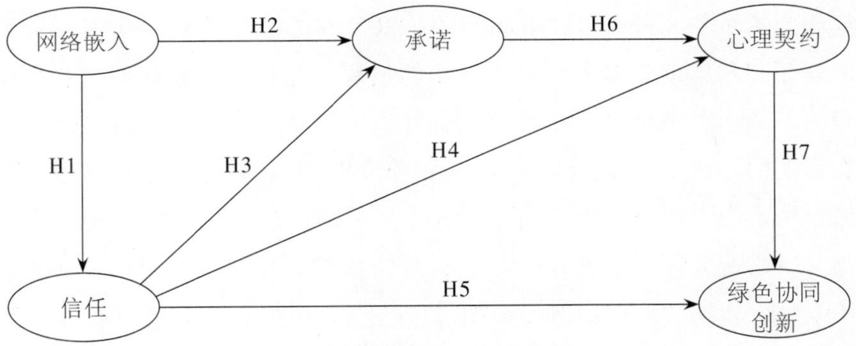

图4-1 绿色协同创新网络信任机制理论模型

4.2 研究设计

4.2.1 测量工具

计量学认为某一概念的测量最好不要依赖单一的题项，而应该使用多个题项来综合测量一个概念，因此本书对所有概念都使用多题项的方法来进行测量。通过文献回顾，并根据相关专家和企业的访谈，本书在对研究变量进行选取的基础上获取了正式问卷。

本书潜变量的测量建立在已有研究测量量表的基础上。网络嵌入的测量参考的是Wang等（2020）在关系嵌入性和破坏性创新的研究中使用的量表，包括“我们与学术机构（如大学、学院和研究机构）和政府机构进行广泛联系”，“我们与不同领域（如技术、健康、安全和环境等领域）的监管和标准制定机构的联系”以及“我们与贸易协会、出版商和会议组织者等组织的联系”。信任的测量借鉴了Chen等（2014）在研究信任的影响中使用的量表，包括“我们的商业伙伴是诚实可靠的”，“我们的商业伙伴是理想的贸易伙伴”以及“我们相信商业伙伴会遵守诺言”。承诺的测量借鉴了Morgan & Hunt（1994）关于关系营销的“承诺-信任”理论研究中使用的量表，包括“供应商伙伴公司对我们很重要”，“供应商伙伴是我们非常信赖的人/公司”以及“供应商伙伴公司值得我们尽最大努力维持与它们的合作”。心理契约的测量参考的是Kingshott等（2020）在心理契约对买卖双方关系中信任和承诺的影响的研究中使用的量表，包括“在与我们主要合作者的关系中，他们已承诺尊重我们在双方关系中的努力、真诚地对待我们的合作关系，以及与我们共同建立具有合作氛围的工作环境”。绿色协同创新的测量借鉴了Justin等（2020）在组织和环境调节因素背景下研究创新绩效使用的量表，分为探索式创新和利用式创新两个子维度，包括“公司愿意接受超越现有产品和服务的绿色/环保要求”，“我们致力于提供新的绿色/环保产品和服务”，“我们定期会在新市场中寻找并接近新客户以获得绿色/环保信息”，以及“我们会不断完善现有产品的绿色/环保性能”，“我们会定期对现有的绿色/环保产品和服务进行小的调整”，“我们会扩大面向现有客户的绿色/环保产品和服务的范畴”。

由于潜变量的测量表大多参考的是国外文献，而调查对象是国内企业，在英汉互译的过程中为了保证题项的准确性，在研究人员、国内学者等专业人士的建议下对问卷的题目进行了适当的调整与修正。此外，研究人员对问卷进行了阅读检验，避免出现语义的歧义等问题。最终的问卷主要由两个部分组成：第一部分包括网络嵌入、信任、承诺、心理契约、知识势差、竞争者战略导向、知识溢出、动态能力、绿色协同创新九个潜变量的测量，采用李克特七级量表（1为完全不符合，7为完全符合），要求调查对象对题项的实际感知程度选取相应分值；第二部分是受访企业的基本信息，包括企业的类型、所有权性质、行业规模、地理位置、所属行业类型等。问卷具体构成见附录1。

4.2.2 数据收集与样本概况

先进装备制造业是为各经济部门进行生产和扩大再生产提供装备的各类制造业的总称，装备制造业发展水平是一个国家综合国力的重要体现，是国民经济的命脉。本书以辽宁先进装备制造企业为调研对象。这主要是考虑到辽宁省是我国先进装备制造产业的基地，现已初步形成了一定的规模效应，形成了较为典型的区域先进装备制造产业协同发展格局。而且辽宁省的装备制造产业由于规模较大、数量较多，在生产过程中采取了一系列的环保举措，这些行为正通过供应链体系和文化扩散的方式影响各个产业，符合绿色协同发展的基本要求。

2021年8月16日，研究组对先进装备制造企业随机发放问卷，以保证问卷能够涵盖绝大多数企业类型。问卷发放采取一对一的方式，共发放问卷600份，收回600份。在剔除信息不完整的问卷后得到459份有效问卷，问卷的有效率为76.5%。在459份有效样本中，既出口又内销企业占48.4%；受访企业在本行业中的规模分布较均匀；在所有权性质中，以私营或民营企业为主，占60.8%；从地理位置来看，位于高新技术园内的较少，其余呈均匀分布；受访企业的所属行业类型基本均匀分布。

正式量表共四页，填答时间在10～20分钟。正式问卷从发放到回收的时间为2021年8月16日至9月26日，选取了大连重工起重集团有限公司、大连北车集团有限公司、大连冰山集团有限公司、沈阳华晨宝马有限公司、沈阳矿山机械股份有限公司、沈阳中谊机床有限公司、大连造船重工责任有限公司、大连船用柴油机厂、大连大显集团有限公司、大连机床厂、大连华录集团有限公司等600家企业作为抽样样本，每个企业对应一份问卷，行业类型包括节能汽车与新能源汽车、成套装备、高档数控机床、仪器仪表、先进轨道交通装备以及集成电路装备企业。在问卷发放和回收过程中，主要采用跟踪访谈和电话访谈的方式使被调查者以自我填答的方式独立完成。受访企业基本信息特征见表4-1。

表4-1　　受访企业基本信息特征

基本信息	类别	数量	占比（%）	基本信息	类别	数量	占比（%）
企业类型	外贸出口企业	174	37.9	企业所在位置	专业性工业园区	153	33.3
	内销企业	63	13.7		高新技术园区	44	9.6
	既出口又内销企业	222	48.4		经济开发区	103	22.4
企业所有权性质	国有及国有控股企业	22	4.8		其他区域	159	34.6
	私营或民营企业	279	60.8	企业所属行业类型	节能汽车与新能源汽车	98	21.4
	三资企业	118	25.7		成套装备	97	21.1
	其他企业	40	8.7		高档数控机床	75	16.3
企业的行业规模	大型	183	39.9		仪器仪表	59	12.9
	中型	203	44.2		先进轨道交通装备	38	8.3
	小型	73	15.9		集成电路装备	92	20.0

4.3 数据分析

4.3.1 研究方法

本书使用偏最小二乘法来探究网络嵌入、信任、承诺、心理契约和绿色协同创新五个潜变量之间的路径关系。偏最小二乘结构方程模型（Partial Least Squares-Structural Equation Modeling，PLS-SEM）不要求测量的变量数据严格服从正态分布，可适用于构成型模型、复杂模型和高阶模型的分析，并且非常适合预测性研究以及有效检验模型的稳健性研究，能表现出更高水平的统计能力。

网络嵌入的测量参考的是Wang等（2020）在关系嵌入性和破坏性创新的研究中使用的量表，包括三个题项。信任的测量借鉴了Chen等（2014）在研究信任的影响中使用的量表。承诺的测量借鉴了Morgan &

Hunt（1994）在关系营销的承诺—信任理论研究中的承诺量表。心理契约主要包括在与主要合作者关系中他们对合作关系的尊重、态度和工作环境三个方面的内容，参考的是Kingshott等（2020）在心理契约对买卖双方关系中信任和承诺的影响的研究中使用的量表。绿色协同创新的测量借鉴了Justin等（2020）在组织和环境调节因素背景下研究创新绩效使用的量表，分为探索式创新和利用式创新两个子维度，包括探索式创新三个题项和利用式创新三个题项。

本书使用统计分析方法对研究假设进行检验，数据的收集采用问卷调查的方式。各潜变量的测量建立在已有研究测量量表的基础上，有利于保证量表的信度和效度。同时，根据各企业的实际情况，邀请专业人士以及企业工作人员对问卷进行调整和修正，经过初步测试形成了最终的测试量表。

4.3.2 测量模型检验

测量模型是以信度、收敛效度和区别效度三个指标来评估的。从表4-2的评估结果可以看出，潜变量的组合信度值（CR）为0.711~0.870，均高于0.7的建议值，说明数据具有良好的稳定性。结构效度包括收敛效度和区别效度。测量变量的因子载荷为0.585~0.885，高于0.5的最低要求。网络嵌入和绿色协同创新的平均方差（AVE）的值均大于0.5的要求，信任、承诺和心理契约的平均方差的值均接近于0.5，说明测量同一变量的问题之间具有良好的收敛效度。区别效度的评估，根据Fornell-Larcker准则的要求，即一个潜变量的平均方差抽取量的平方根应该大于它与其他任何变量的最高的相关性。从表4-3中可以看出，模型中使用的每一个变量都符合这个要求，说明数据的区别效度较好。此外，研究还对二阶变量绿色协同创新的信度和效度进行了有效检验，二阶变量的组合信度和平均方差抽取量分别达到了要求，并且一阶构念的系数均高于0.6的标准值。基于以上分析可知，模型中的每一个变量都符合基准，说明整个模型具有良好的信度和效度。因此，本书将对结构模型进行估计以验证上文提出的假设。

表4-2 测量模型评估结果

潜变量/题项	Mean	SD	Loading	CR	AVE	Coefficients
网络嵌入				0.865	0.682	
我们与学术机构（如大学、学院和研究机构）和政府机构进行广泛联系	6.261	0.754	0.885			
我们与不同领域（如技术、健康、安全和环境等领域）的监管和标准制定机构的联系	6.479	0.620	0.854			
我们与贸易协会、出版商和会议组织者等组织的联系	6.338	6.658	0.731			
信任				0.711	0.454	
我们的商业伙伴是诚实可靠的	6.734	0.442	0.593			
我们的商业伙伴是理想的贸易伙伴	6.386	0.550	0.637			
我们相信商业伙伴会遵守诺言	6.654	0.520	0.777			
承诺				0.716	0.461	
供应商伙伴公司对我们很重要	6.630	0.501	0.639			
供应商伙伴公司是我们非常信赖的人/公司	6.582	0.506	0.797			
供应商伙伴公司值得我们尽最大努力维持与它们的合作	6.383	0.512	0.585			
心理契约				0.716	0.458	
在与我们主要合作者的关系中，他们已承诺尊重我们在双方关系中的努力	6.704	0.470	0.668			
在与我们主要合作者的关系中，他们已承诺真诚地对待我们的合作关系	6.636	0.490	0.628			
在与我们主要合作者的关系中，他们已承诺与我们共同建立具有合作氛围的工作环境	6.551	0.515	0.729			

续表

潜变量/题项	Mean	SD	Loading	CR	AVE	Coefficients
绿色协同创新				0.870	0.771	
探索式创新				0.755	0.508	0.867
公司愿意接受超越现有产品和服务的绿色/环保要求	6.682	0.475	0.779			
我们致力于提供新的绿色/环保产品和服务	6.484	0.521	0.639			
我们定期会在新市场中寻找并接近新客户以获得绿色/环保信息	6.268	0.579	0.715			
利用式创新				0.810	0.589	0.890
我们会不断完善现有产品的绿色/环保性能	6.440	0.581	0.837			
我们会定期对现有的绿色/环保产品和服务进行小的调整	6.039	0.555	0.749			
我们会扩大面向现有客户的绿色/环保产品和服务的范畴	6.603	0.489	0.710			

表4-3 **潜变量区别效度分析**

潜变量	信任	利用式创新	心理契约	承诺	探索式创新	网络嵌入
信任	0.674					
利用式创新	0.244	0.767				
心理契约	0.399	0.252	0.676			
承诺	0.299	0.059	0.327	0.679		
探索式创新	0.325	0.544	0.420	0.266	0.713	
网络嵌入	0.494	0.511	0.340	0.249	0.463	0.826

4.4 研究假设与模型检验

4.4.1 结构方程检验

结构方程路径系数显著性检验用的是PLS中bootstrapping程序，表4-4和图4-2分别显示了检测结果。

表4-4 假设检验结果

项目	Path Coefficient	P Value	Hypotheses Testing
网络嵌入 → 信任	0.494***	0.000	Supported
网络嵌入 → 承诺	0.134*	0.013	Supported
信任 → 承诺	0.233***	0.000	Supported
信任 → 心理契约	0.331***	0.000	Supported
信任 → 绿色协同创新	0.200***	0.000	Supported
承诺 → 心理契约	0.228***	0.000	Supported
心理契约 → 绿色协同创新	0.294***	0.000	Supported

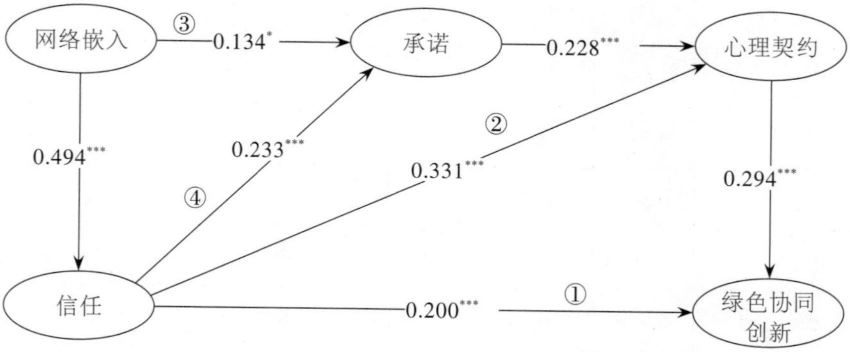

图4-2 绿色协同创新信任机制形成路径

假设1：网络嵌入对信任具有正向影响完全成立（β=0.494，p<0.001），即网络嵌入对信任具有显著的积极影响。

假设2：验证了网络嵌入对承诺的影响（β=0.134，p<0.05），结果表明网络嵌入对承诺具有积极影响。

假设3、4、5：分别验证了信任对承诺、心理契约、绿色协同创新的影响，结果表明信任对承诺（β=0.233，p<0.001）、信任对心理契约（β=0.331，p<0.001）、信任对绿色协同创新（β=0.200，p<0.001）均存在显著的积极影响。

假设6：承诺积极影响心理契约得到了支持（β=0.228，p<0.001），说明承诺对心理契约具有显著的积极影响。

假设7：验证了心理契约对绿色协同创新的影响（β=0.294，p<0.001），结果表明心理契约对绿色协同创新具有显著的积极影响。

PLS-SEM还估计了整个结构方程模型的整体拟合优度指数。标准化的均方根残差（SRMR）用于评估观察预期相关矩阵差异的平均大小，属于绝对拟合优度指数（Absolute Goodness-of-Fit Indices）。通过计算，本模型的SRMR=0.09，根据Hu & Bentler（1998）的标准，SRMR<0.1即可接受，表明模型具有良好的拟合优度。整个研究模型对绿色协同创新的解释力为23.1%，高于20%的标准，该模型具有较好的解释力。

4.4.2 企业差异分析

不同的个体特征通常会导致其行为的差异。本书将采用One-way ANOVA（单因素方差分析）方法了解不同企业的类型、所有权性质、规模、地理位置、所属行业的差异对潜变量和企业内部因素的影响。

1）不同企业类型差异分析

One-way ANOVA分析表明，网络嵌入、信任、承诺、绿色协同创新四项因子在企业类型方面存在显著差异，见附录2。把显示差异的各组进行多重比较检验后，将结果综合整理，见附录3。

多重比较检验表明，不同类型企业在网络嵌入、信任、承诺、绿色协同创新方面存在显著差异。在这四项变量中，既出口又内销企业高于内销企业和外贸出口企业；在绿色协同创新因子上，外贸出口企业高于内销企业，表明既出口又内销企业同其他类型企业相比在企业绿色协同创新信任机制的形成方面具有突出优势。

2）不同企业所有权性质差异分析

One-way ANOVA分析表明，网络嵌入、信任、绿色协同创新三项因子在企业所有权性质方面存在显著差异，见附录4。把显示差异的各组进行多重比较检验后，将结果综合整理，见附录5。

多重比较检验表明，不同所有权性质企业在网络嵌入、信任、绿色协同创新方面存在显著差异。在网络嵌入方面，国有及国有控股企业明显优于三资企业，而三资企业优于私营或民营企业。在信任方面，国有及国有控股企业优于私营或民营企业及其他企业。在绿色协同创新方面，国有及国有控股企业优于私营或民营企业，且三资企业和其他企业也优于私营或民营企业。总体而言，国有及国有控股企业和三资企业在促进企业绿色协同创新信任机制的形成方面具有突出优势。

3）不同企业规模差异分析

One-way ANOVA分析表明，网络嵌入、信任、心理契约、承诺、绿色协同创新五项因子在不同企业规模方面存在显著差异，见附录6。把显示差异的各组进行多重比较检验后，将结果综合整理，见附录7。

多重比较检验表明，不同规模企业在网络嵌入、信任、心理契约、承诺、绿色协同创新方面存在显著差异。在这五项因子中，大型企业的水平均高于中型企业，中型企业的水平均高于小型企业。这表明大型企业同中、小型企业相比在促进企业绿色协同创新信任机制的形成方面具有突出优势。

4）不同企业地理位置差异分析

One-way ANOVA分析表明，网络嵌入、信任、心理契约、承诺、绿色协同创新五项因子在企业地理位置方面存在显著差异，见附录8。把显示差异的各组进行多重比较检验后，将结果综合整理，见附录9。

多重比较检验表明，地理位置不同的企业在网络嵌入、信任、心理契约、承诺、绿色协同创新方面存在显著差异。在五项因子中，专业性工业园区、高新技术园区以及经济开发区的企业均高于其他区域的企业。在心理契约和绿色协同创新因子中，经济开发区内的企业优于专业性工业园区和高新技术园区的企业。这说明园区的规范性和发展水平在促进企业绿色协同创新信任机制的形成方面具有突出优势。

5）不同企业所属行业差异分析

采用One-way ANOVA方法进行分析对比，发现网络嵌入、信任、心理契约、承诺、绿色协同创新五项因子在企业所属行业方面存在显著差异，见附录10。把显示差异的各组进行多重比较检验后，将结果综合整理，见附录11。

多重比较检验表明，各个行业在网络嵌入、信任、心理契约、承诺、绿色协同创新方面存在显著差异。在网络嵌入和信任方面，先进轨道交通装备行业优于节能汽车与新能源汽车行业、仪器仪表行业、集成电路装备行业和成套装备行业。高档数控机床行业优于仪器仪表行业和成套装备行业。在心理契约、承诺、绿色协同创新方面，节能汽车与新能源汽车行业、高档数控机床行业和成套装备行业、先进轨道交通装备行业均高于仪器仪表行业，集成电路装备行业也优于仪器仪表行业。然而，集成电路装备行业低于节能汽车与新能源汽车行业、高档数控机床行业和成套装备行业、先进轨道交通装备行业。这说明先进轨道交通装备行业在促进企业绿色协同创新信任机制的形成方面具有突出优势。

4.5 结果讨论

从研究结果来看，辽宁先进装备制造企业绿色协同创新网络实现彼此间信任共有四条路径，这四条路径体现了企业间不同的信任层次和深度，具体分析如下：

路径①表明企业会通过网络嵌入产生信任继而开展绿色协同创新活动。这表明辽宁地区的先进装备制造企业通过开展经济活动获得了相应的知识、资源、市场机会、经营以及技术知识，从而建立了相互间的社会网络进行信息的交互，以及更为融洽和亲密的社会关系，在此基础上逐渐形成彼此间的依赖关系，对合作伙伴的业务能力、商业信誉、合作态度等充满信心，使企业间在绿色合作与创新发展方面给定承诺或在建立正式契约的基础上实现绿色协同创新。

路径②表明企业会通过网络嵌入产生信任进而推动彼此间心理契约的形成，最终促使绿色协同创新的形成。企业间的网络嵌入使辽宁先进装备制造企业群的内部形成了彼此间的相互信任，同时信任包括理性和情感两个层面。网络嵌入关系通常会使企业间的情感信任产生，但是涉及企业间的合作、利益分配、技术转移、资源共享时，情感信任仅仅是合作的基础，而依赖于企业间“高度的情感承诺、强大的成员组织整合以及建立在传统和历史关系上的稳定性”的心理契约就更为重要。因此，对某些企业来说，信任需要通过纯粹的经济、货币和物质等具有稳定关系的心理契约才能最终确定，进而开展企业间绿色协同创新。

路径③表明企业会通过网络嵌入产生承诺进而产生心理契约，最终形成绿色协同创新。辽宁先进装备制造业企业通过结构嵌入或关系嵌入的方式与合作企业间成为商业伙伴，彼此间的情感依恋、参与和认同逐渐形成了体现“交换伙伴之间关系连续性的一种隐性或显性保证”特征的承诺，在短期或长期的商业和情感联系中逐渐形成了彼此间具有高度情感承诺特征的心理契约，最终形成具有相对稳定结构群体、对产品绿色化具有共同认知与商业实践的绿色协同创新。

路径④表明企业在网络嵌入的过程中会自发接近能够满足自身期望所需的专业知识和资源的合作伙伴。由于企业对其合作伙伴的能力有信心，因此能够彼此以共赢的方式开展合作，自然而然地产生对组织的情感依恋、参与和认同，这种复杂的情感认知会加深企业间的联系使企业间产生更加深刻的情感承诺，使成员组织能够在绿色协同创新领域进行深度和广泛的合作。

5 辽宁先进装备制造业绿色协同创新网络的学习机制研究

5.1 理论框架

辽宁先进装备制造业绿色协同创新网络的学习机制研究中包括了知识势差、竞争者战略导向、动态能力、知识溢出，以及其与绿色协同创新行为之间的相互关系。由于绿色协同创新行为已经在信任机制研究中进行了分析，因此这里仅对绿色协同创新学习机制涉及的因子进行分析。

5.1.1 绿色协同创新网络学习的关键因子

1）知识势差

势是物理学中的概念，是指物体处于某一位置时存在的能量与状态。知识势差是指不同的知识主体间存在的知识高位势与知识低位势的差距状态，它推动着知识在不同主体间的流动与扩散，使企业可以通过组织学习的方式，实现知识的传递、共享和创造，并最终实现知识结构整合和企业协同创新的目标。由于企业知识主体需要通过内部和外部学习来获取相关知识达到自身知识存量的平衡，因此由知识势差所引发的企业学习活动使外界知识主体中所存储的异质性知识流入到企业当前知识库中，并被企业吸收或进行知识再创造。这种学习行为为企业发展外界感知能力、生产创造能力和开展绿色创新活动奠定了基础。

关于知识势差的维度研究，Ryu & Kim（2005）认为知识势差是由知识宽度和知识深度两个维度共同决定的某种存在状态。知识宽度是指企业所拥有的不同领域的知识范围，反映企业的横向知识层面。知识深度是指企业在某领域中所掌握的知识的熟练程度，反映企业的纵向知识层面。Luca & Atuahene（2007）以企业获得的市场营销知识为研究背景考察了市场知识势差的维度，将其划分为市场知识深度和市场知识宽度两个维度。康鑫和赵丹妮（2021）认为知识深度和知识宽度可以准确地反映不同知识主体的位势差。考虑二维结构能够有效测量不同知识主体间知识势差的大小，本书将遵循上述学者的观点，将知识势差划分为知识深度与知识宽度两个维度。考虑到最终模型的可获取性，本书将知识势差和知识宽度题项进行整合来构建绿色知识势差测量量表。

2）战略定位

战略定位是企业与外部环境之间建立起来的有机的系统性联系，它是长期性、全局性的发展规划，能够反映企业如何通过价值观和理念实现其发展目标的经营哲学，是企业重要能力的一种呈现方式。企业会通过分析自身内部现有的知识资源结构以及企业外部流动的知识资源来确定其战略定位，因此二者有着极其密切的联系。目前，学者们从不同方面提出了企业战略定位的导向维度。Yu等（2013）以企业的创新能力为研究背景，提出企业在进行战略定位时要充分考虑创业导向的作用，并分别结合研究实际将技术导向和市场导向纳入企业战略定位的选择之中。Zhou & Yim（2005）认为企业战略导向下的市场导向既要满足当前客户已表达的需求，又要考虑客户未来潜在的需求，将其划分为客户导向和竞争者导向两个维度。Venkatraman（2008）则将企业战略定位划分为进取维度、分析维度、防御性维度、未来的维度、积极性维度、风险维度六个维度。考虑到区域内企业间的合作和创新问题大多涉及市场中的竞争关系，因此本书结合上述学者的观点将竞争者战略定位作为企业绿色协同创新能力的重要因素。

3）动态能力

动态能力是指企业中存在的一种能够集成、构建和重新配置企业内部和外部资源，并使企业在动荡的市场环境中快速做出战略决策并采取行动的能力。这种能力能够通过不断提升企业自身的独特性避免外界企业的模仿，使企业保持长期竞争优势，并推动企业有效地感知外界需求变化，从而实现对内部资源的调整与重新配置以适应新的外部环境。目前，动态能力通常被划分为感知能力、学习能力、整合能力和协作能力四个维度。Wilden等（2013）将动态能力划分为感知、捕获、重新配置三个维度。吴荻、刘慧和王恩旭（2020）将动态能力划分为感知能力、利用能力和再配置能力三个维度。考虑到本书主要关注企业的绿色协同创新问题，结合动态能力维度划分的主流观点来整合构建测量题项。由于协作能力通常强调个人投入对企业整体的贡献以及个人与企业的相互关系，因此未纳入到动态能力的题项范畴。

4）知识溢出

知识溢出是指知识在预期边界之外有意或无意地传递给他人或组织的现象，任何在预期边界之外进行的知识交换行为都可以被称为知识溢出。知识溢出易发生在多层次的组织网络中，企业将从其他企业获得的新知识与自身原有知识结合并产生效益，这一过程被称为知识溢出效应，它常被用来解释技术集群企业的创新效率、创新意愿、创新能力和创新效益等。按照知识溢出的方向不同，可以将知识溢出分为集群内知识溢出、集群外知识溢出两个维度。按照知识溢出的属性不同，知识溢出可分为显性知识溢出和隐性知识溢出。此外，有学者根据知识溢出的双主体，即知识溢出主体和知识受体的特征，将知识溢出分为知识溢出扩散和知识溢出获取两个维度。本书结合 Nonaka（2003）、陶锋（2009）和杨亚平（2012）的观点从显性知识溢出和隐性知识溢出两个视角抽取题项来构建知识溢出量表，主要是考虑这种划分方法能够有效地对企业间的知识互动频率以及知识溢出质量进行衡量。

5.1.2 绿色协同创新网络学习机制的理论模型

1）研究假设

（1）知识势差与战略定位

知识势差是在不同时期企业知识体的知识存量动态变化所形成的一种状态，它促使了知识在不同主体间的流动，推动了企业间的合作。由于企业战略定位需要对外界环境和自身现有的资源基础进行精准把控，因此企业进行战略定位时需要考虑扩充自身知识存量以平衡与其他知识体的知识势差。廖志江和高敏（2013）认为高位势企业会对低位势企业产生知识转移的自然压力，然而在知识转移中会存在知识主体间的“隐性”知识壁垒，从而影响企业战略定位的选择。Verbeke（2013）以跨国公司为研究对象，发现企业将汲取的新知识和现有的知识库进行整合，可形成跨越地理限制的“新知识包”，此时所拥有的知识宽度是未来企业进行重组和战略定位的独特优势。同时，企业间的知识势差状态会影响知识的流动和扩散，处于低位势企业需要调整战略定位来主动获取外界知识，从而实现由低位势向高位势的迁移。Asmussen等（2013）则进一步指出了公司的战略定位、知识交换与特定的知识存量之间具有密切相关的联系。因此本书提出以下假设：

H1：知识势差积极影响竞争者战略定位。

（2）知识势差与知识溢出

知识势差是由不同企业主体间知识量的不平衡所形成的一种知识差距状态，它能够引起知识的流动。知识势差所产生的“位势能”能够推动企业的知识溢出，并加快知识在不同企业主体间的流动。已有研究表明越是相对有限的知识要素越能够更加有效地推动企业的知识溢出，并被其他企业所吸收；反之，知识要素之间越是存在高度复杂的相互依赖关系，越是影响知识之间的联系能力，进而降低企业知识溢出的产生。企业间对知识的掌握程度的差异会造成知识流动的不确定性和模糊性，影响企业知识溢出的水平。因此，企业通常对自身的知识势差宽度和知识势差深度进行平衡协调，以便更有效地推动企业知识溢出。综上所述，本书提出以下假设：

H2：知识势差积极影响知识溢出。

（3）知识势差与绿色协同创新

在企业绿色协同创新网络中，不同企业能否有效地吸收和利用彼此的知识开展协同创新，取决于两个企业之间知识结构的相似性。企业之间的知识势差不仅能够反映出企业的创新能力，也能够反映出企业在知识结构层次上维持稳定创新的能力。这是因为知识势差能够促使知识资源在企业间进行流动，企业在获取相应的知识资源后会进行知识资源分配，以确认协同创新的可能。而企业在知识势差中产生的吸收新思想、获取知识资源的能力则被视为企业开展探索式创新的关键。尤其是在企业获取了高位势企业的绿色知识资源后，自身若采用绿色探索式创新，就需要从知识宽度和知识深度上来改变当前的知识结构实现绿色产品创新；若采用绿色利用式创新就需要企业在现有的知识结构上创新绿色产品和绿色服务方式。因此，本书提出以下假设：

H3：知识势差积极影响绿色协同创新。

（4）战略定位与知识溢出

知识是企业创造价值的基本驱动力，企业获得了不同溢出来源的知识资源后可为其提供强大的竞争优势。而企业的战略定位会影响企业的创新活动，并能够识别出知识溢出的来源，因此它会提升企业产生和利用知识溢出的能力。通常企业产生积极而显著的知识溢出效应需要内部相应政策的扶持和战略定位支持。这是因为知识溢出离不开企业的生产活动，而企业在进行战略定位时会对生产活动投入的生产要素比例和数量进行规划分配，这将会直接影响企业知识溢出的内容和程度。在一定区域范围内，企业只有采取了积极合作的战略定位，才会有效取得自身知识溢出后的效益补偿以及在企业网络中获得的生产合作效益。因此，本书提出以下假设：

H4：竞争者战略导向定位积极影响知识溢出。

（5）战略定位与动态能力

企业战略定位是指能够适应企业内部和外部环境变化的长期发展战略，因此企业动态能力首先需要考虑企业战略定位的倾向，以有效利用企业战略定位来提升自身的动态能力，从而获得竞争优势。企业战略定位所产生的生产指向以及与市场环境相协调的优势条件能够有效促进企业动态能力的发挥。当企业的动态能力与战略定位相契合时，企业能够承受外部环境变化的影响。因此，多数观点认为企业战略定位会通过某种方式积极地影响动态能力，即企业战略定位通过影响企业获取、利用与配置资源的方式决定动态能力的产生。从战略定位的维度来看，客户导向和竞争者导向需要动态能力发挥感知、学习和整合作用，以有效预见市场趋势；技术导向则是通过对新技术的学习和对技术环境的适应有效引导动态能力发挥作用；创业导向则是通过识别市场需求机会不断推动动态能力转化与配置新的资源，从而使企业长期保持市场竞争优势。因此，本书提出以下假设：

H5：战略定位对动态能力有积极影响。

（6）战略定位与绿色协同创新

在环境危机背景下，企业追求绿色协同创新成为转变经济增长的方式，是建设生态文明的必然选择。已有越来越多的企业为寻求可持续竞争优势调整战略定位来提升自身绿色协同创新的潜力。因此，绿色协同创新被视为是企业采取的一种应对外部市场环境竞争的环境保护行为和创新行为，它与企业的战略定位之间存在密切的关系。在市场环境中，企业战略定位的目标是通过改进技术降低生产成本，但在实际生产中它会有意或无意地促进企业在产品、服务以及流程上的绿色协同创新能力的提升。企业会通过评估市场环境现状来调整战略定位以确定自身是否实施或改进绿色协同创新的生产环节，也会识别出市场中绿色化的商业机会以促进企业绿色协同创新发挥动态性的效益优势。这意味着若企业的战略定位有较强的绿色创新导向就能够提升企业变革的主动性和承担绿色变革风险的意愿，从而最终实现企业的绿色协同创新。因此，本书提出以下假设：

H6：战略定位积极影响绿色协同创新。

（7）知识溢出与绿色协同创新

知识溢出发挥着促进知识资源流动推动企业开展组织学习的作用。企业创新需要不断补充知识资源，知识溢出能够加快知识资源的流动，并推动企业通过组织学习获取、吸收相关的知识资源，从而维持其创新优势地位。在企业网络中发生的知识溢出现象为企业开展组织学习活动提供了可能。当知识资源从知识溢出主体流出时，知识接收主体只有通过组织学习获取知识溢出主体的知识资源，才能获得自身效益。同时，由于企业间存在竞争关系，因此出现在企业网络中的知识溢出进一步推动企业开展组织学习。知识溢出会通过不同的组合产生新的知识，使得企业需要调整组织学习方式来获得新颖的知识资源，以此来满足企业的创新需求。企业知识溢出所产生的知识资源会与其他企业的知识存在一定的相似性，这将会深刻地影响企业选择组织学习的方式。因此，本书提出以下假设：

H7：知识溢出对绿色协同创新有积极的影响。

（8）动态能力与绿色协同创新

企业开展绿色协同创新以企业的动态能力为基础。企业的动态能力可以在市场环境中利用现有资源开发出新的技术，并通过促进一系列新环境行为的产生来推动企业绿色协同创新的实现。它可以快速识别出市场环境下的绿色生产机会以及相应的环境需求，从而为企业的绿色协同创新活动提供适应外部环境变化的基础。因此，当企业采取绿色协同创新活动应对环境可持续发展和绿色创新问题时，增强自身的动态能力是关键。动态能力在企业的生产活动中包括为客户提供可持续的创新成长方案；提升员工在生产和业务流程中的环保创新能力；改进企业的绿色产品生产工艺和技术等。它通过开发和重构企业内部和外部的绿色资源实现企业绿色协同创新的发展。同时，因为企业开展绿色协同创新具有一定的风险和不确定性，所以动态能力作为企业创新的重要驱动力，可以通过更新、发展、整合资源促进企业的绿色协同创新活动。因此，本书提出以下假设：

H8：动态能力对绿色协同创新有积极的影响。

2）理论架构

通过对绿色协同创新网络学习机制形成因素的分析，本书构建了如图5-1所示的辽宁先进装备制造业绿色协同创新网络学习机制理论模型。模型中包括五项主因子：知识势差、竞争者战略定位、知识溢出、动态能力和绿色协同创新。其中，知识势差因素是拟影响绿色协同创新行为表征形成的初始动力，它会通过与其他三个因子间的路径关系产生对绿色协同创新的影响。

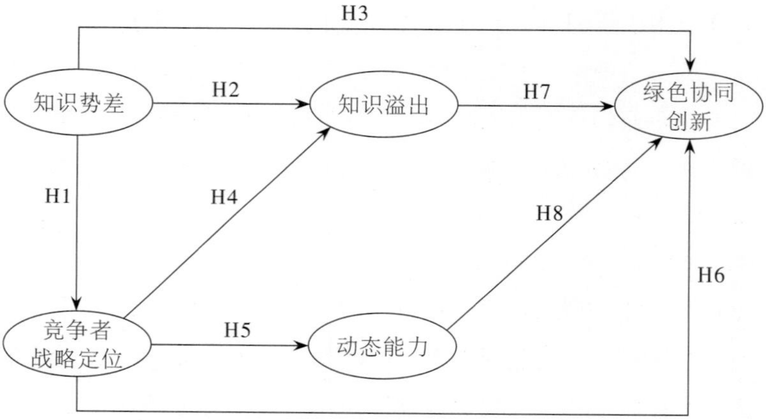

图5-1　绿色协同创新网络学习机制理论模型

5.2　研究设计

本书使用结构方程模型等统计分析方法对研究假设进行检验，数据的收集采用问卷调查方式。为了保证量表的信度与效度，各潜变量的测量建立在已有研究测量量表的基础上，并根据企业的实际情况，研究者对部分语句进行了调整，经过初步测试形成了最终量表。知识势差的测量参考的是 Bierly & Chakrabarti（2002）、Moorman & Miner（2003）的量表，包括四个题项，并根据实际调查内容稍加调整。竞争者战略导向定位的测量借鉴了 Zhou & Yim（2005）研究中使用的量表，主要包括对竞争对手的绿色产品策略的反应、战略的讨论、发展动态的关注三个方面的内容。知识溢出的测量借鉴了 Polanyi（1966）、Kesidou & Romijn

（2008）的文献资料，并根据先进装备制造企业的实际情况进行调整，包括显性知识溢出和隐性知识溢出的内容。动态能力的测量参考了 Pavlou & Sawy（2011）在动态能力研究中的测量量表，包括部门、产品和知识三个方面的内容。绿色协同创新的测量借鉴了 Justin 等（2020）在组织和环境调节因素背景下研究创新绩效使用的量表，分为探索式创新和利用式创新两个子维度，包括探索式创新和利用式创新各三个题项。

5.3 数据分析

该部分研究仍使用偏最小二乘法来探究知识势差、竞争者战略导向、知识溢出、动态能力和绿色协同创新五个潜变量之间的路径关系。偏最小二乘结构方程模型（PLS-SEM）不要求测量的变量数据严格服从正态分布，可适用于构成型模型、复杂模型和高阶模型的分析，并且非常适合预测性研究以及有效检验模型的稳健性，表现出更高水平的统计能力，因此更适用于本书的研究需要。

测量模型是以信度、收敛效度和区别效度三个指标来评估的。从表 5-1 的评估结果可以看出，潜变量的组合信度值（CR）为 0.745～0.869，均高于 0.7 的建议值，说明数据具有良好的稳定性。结构效度包括收敛效度和区别效度。测量变量的因子载荷为 0.552～0.883，高于 0.5 的最低要求。除竞争者战略导向外，其他潜变量的平均方差（AVE）的值均大于 0.5 的要求，而竞争者战略导向趋近于 0.5，说明测量同一变量的问题之间具有良好的收敛效度。区别效度的评估，根据 Fornell-Larcker 准则的要求，一个潜变量的平均方差抽取量的平方根应该大于它与其他任何变量的最高的相关性。从表 5-2 中可以看出，模型中使用的每一个变量都符合这个要求，说明数据的区别效度较好。此外，本书对二阶变量绿色协同创新的信度和效度进行了有效检验，二阶变量的组合信度和平均方差抽取量分别达到了要求，并且一阶构念的系数均高于 0.6 的标准值。综上分析，模型中的每一个变量都符合基准，说明整个模型具有良好的信度和效度。因此，本书将对结构模型进行估计以验证上文提出的假设。

表5-1　　　　测量模型评估结果

潜变量/题项	Mean	SD	Loading	CR	AVE	Coefficients
知识势差				0.816	0.690	
我们拥有从多种细分市场上积累的产品或工艺的绿色/环保知识	6.333	0.657	0.883			
公司研发专家包括具有环保相关专业背景的人员	6.327	0.652	0.816			
我们对本行业的环保标准和法律法规非常熟悉（如ISO14000、ISO9000等）	6.499	0.658	0.838			
我们已经获得了本行业绿色生产领域大量的相关知识	6.373	0.632	0.881			
竞争者战略导向				0.745	0.499	
我们会对竞争对手的绿色产品策略做出快速反应	6.320	0.594	0.552			
高层管理人员会讨论竞争对手的产品绿色化战略	6.065	0.660	0.798			
我们会关注竞争对手的绿色产品与工艺的发展动态	6.357	0.682	0.746			
知识溢出				0.752	0.603	
客户已授权我们使用许多绿色/环保专利技术	6.536	0.598	0.881			
客户对我们的运营管理制度提出了严格要求，规定了一系列的采购标准（如ISO9000、ISO14000、SA8000等）	6.455	0.643	0.821			
客户经常委派专家对我们进行有关绿色生产的技术指导、交流和培训	5.985	0.757	0.867			

续表

潜变量/题项	Mean	SD	Loading	CR	AVE	Coefficients
双方经常举行有关绿色/环保方面的工作会议和交流活动	6.009	0.720	0.877			
动态能力				0.746	0.502	
我们有获取环保方面新的信息和知识的机构/部门	6.251	0.664	0.864			
我们能有效地将绿色/环保知识应用到新产品中	6.549	0.556	0.628			
我们能够有效拓展绿色/环保产品开发的新知识	6.571	0.508	0.603			
绿色协同创新				0.869	0.769	
探索式创新				0.755	0.508	0.856
公司愿意接受超越现有产品和服务的绿色/环保要求	6.682	0.475	0.775			
我们致力于提供新的绿色/环保产品和服务	6.484	0.521	0.640			
我们定期会在新市场中寻找并接近新客户以获得绿色/环保信息	6.268	0.579	0.717			
利用式创新				0.811	0.589	0.898
我们会不断完善现有产品的绿色/环保性能	6.440	0.581	0.840			
我们会定期对现有的绿色/环保产品和服务进行小的调整	6.039	0.555	0.755			
我们会扩大面向现有客户的绿色/环保产品和服务的范畴	6.603	0.489	0.702			

表5-2　　潜变量区别效度分析

潜变量	利用式创新	动态能力	探索式创新	显性知识溢出	知识宽度	知识深度	竞争者战略导向	隐性知识溢出
利用式创新	0.768							
动态能力	0.509	0.708						
探索式创新	0.542	0.482	0.713					
显性知识溢出	0.309	0.372	0.308	0.851				
知识宽度	0.594	0.667	0.472	0.294	0.850			
知识深度	0.326	0.323	0.329	0.228	0.382	0.860		
竞争者战略导向	0.421	0.450	0.496	0.322	0.436	0.349	0.707	
隐性知识溢出	0.411	0.525	0.323	0.208	0.465	0.188	0.364	0.872

5.4 研究假设与模型检验

5.4.1 结构方程检验

结构方程路径系数显著性检验用的是PLS中bootstrapping程序，表5-3和图5-2分别显示了检测结果。

表5-3　　假设检验结果

项目	Path Coefficient	T Statistics (|O/STDEV|)	Hypotheses Testing
知识势差 → 竞争者战略导向	0.477***	12.111	Supported
知识势差 → 知识溢出	0.336***	7.372	Supported
知识势差 → 绿色协同创新	0.306***	7.241	Supported
竞争者战略导向 → 知识溢出	0.282***	6.232	Supported
竞争者战略导向 → 动态能力	0.457***	12.268	Supported
竞争者战略导向 → 绿色协同创新	0.217***	5.064	Supported
知识溢出 → 绿色协同创新	0.141***	3.401	Supported
动态能力 → 绿色协同创新	0.205***	4.232	Supported

注：***p<0.001，**p<0.01，*p<0.05。

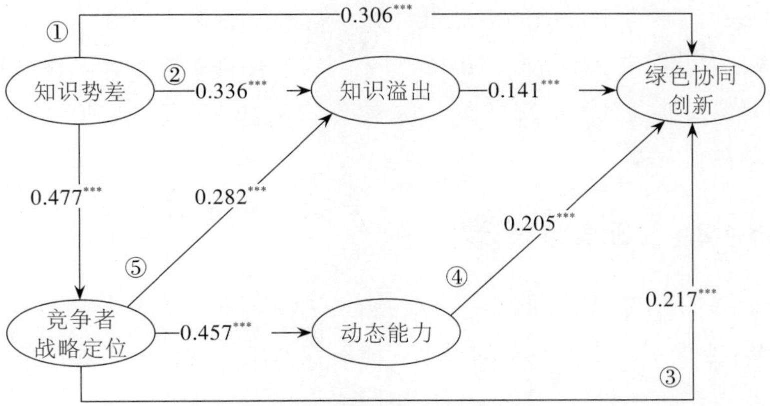

图5-2　绿色协同创新学习机制形成路径

假设1：知识势差对竞争者战略导向的积极影响完全成立（β=0.477，p<0.001），即知识势差对竞争者战略导向具有显著的积极影响。

假设2：验证的是知识势差对知识溢出的影响（β=0.336，p<0.001），结果表明知识势差对知识溢出有积极影响。

假设3：验证了知识势差对绿色协同创新具有积极影响，根据结果（β=0.306，p<0.001）说明知识势差对绿色协同创新具有显著的积极影响。

假设4、5、6：分别是竞争者战略导向对知识溢出、动态能力以及绿色协同创新的影响，结果表明竞争者战略导向对知识溢出（β=0.282，p<0.001）、竞争者战略导向对动态能力（β=0.457，p<0.001）、竞争者战略导向对绿色协同创新（β=0.217，p<0.001）均存在显著的积极影响，完全支持假设。

假设7：动态能力积极影响绿色协同创新得到了支持（β=0.205，p<0.001），结果表明动态能力对绿色协同创新具有显著的积极影响。

假设8：验证的是知识溢出对绿色协同创新的影响（β=0.141，p<0.001），研究结果支持了知识溢出对绿色协同创新具有积极影响。

PLS-SEM还估计了整个结构方程模型的整体拟合优度指数。整体拟合优度指数是通过计算变量的平均方差（AVE）值与内生变量（R^2）平均值乘积的平方根得到的。通过计算，本模型的整体拟合优度指数为0.533，高于规定的临界值（0.36），表明模型拟合效度良好。整个研究模型对绿色协同创新的解释力为48.6%，高于20%的标准，模型具有较好的解释力。

5.4.2 企业差异性分析

不同的个体特征通常会导致其行为的差异。本书采用One-way ANOVA方法了解不同企业的类型、所有权性质、规模、地理位置、所属行业的差异对潜变量和企业内部因素的影响情况。

1）不同企业类型差异分析

One-way ANOVA分析表明，知识势差、竞争者战略导向、动态能力、知识溢出、绿色协同创新五项因子在企业类型方面存在显著差异，见附录12。把显示差异的各组进行多重比较检验后，将结果综合整理，见附录13。

多重比较检验表明，不同类型企业在知识势差、竞争者战略导向、动态能力、知识溢出、绿色协同创新方面存在显著差异。在这五项因子中，既出口又内销企业高于内销企业和外贸出口企业。在知识溢出、绿色协同创新方面，外贸出口企业高于内销企业。这说明既出口又内销企业同其他类型企业相比在促进企业绿色协同创新学习机制的形成方面具有突出优势。

2）不同企业所有权性质差异分析

One-way ANOVA分析表明，知识势差、竞争者战略导向、动态能力、知识溢出、绿色协同创新五项因子在企业所有权性质方面存在显著差异，见附录14。把显示差异的各组进行多重比较检验后，将结果综合整理，见附录15。

多重比较检验表明，不同所有权性质企业在知识势差、竞争者战略导向、动态能力、知识溢出、绿色协同创新方面存在显著差异。从附录15中可以看出，国有及国有控股企业明显优于私营或民营企业，而三资企业和其他企业优于私营或民营企业。总体而言，国有及国有控股企业和三资企业在促进企业绿色协同创新学习机制的形成方面具有突出优势。

3）不同企业规模差异分析

One-way ANOVA分析表明，知识势差、竞争者战略导向、动态能力、知识溢出、绿色协同创新五项因子在不同企业规模方面存在显著差异，见附录16。把显示差异的各组进行多重比较检验后，将结果综合整理，见附录17。

多重比较检验表明，不同规模企业在知识势差、竞争者战略导向、动态能力、知识溢出、绿色协同创新方面存在显著差异。在这五项因子中，大型企业的水平高于中型企业，中型企业的水平高于小型企业。这说明大型企业同中、小型企业相比在促进企业绿色协同创新学习机制的形成方面具有突出优势。

4）不同企业地理位置差异分析

One-way ANOVA分析表明，知识势差、竞争者战略导向、动态能力、知识溢出、绿色协同创新五项因子在企业地理位置方面存在显著差异，见附录18。把显示差异的各组进行多重比较检验后，将结果综合整理，见附录19。

多重比较检验表明，地理位置不同的企业在知识势差、竞争者战略导向、动态能力、知识溢出、绿色协同创新方面存在显著差异。在五项因子中，专业性工业园区、高新技术园区和经济开发区的企业均高于其他区域的企业。在知识势差、动态能力、绿色协同创新方面，经济开发区内的企业优于专业性工业园区的企业。在知识溢出中，高新技术园区的企业高于专业性工业园区的企业。这说明园区的规范性和发展水平在促进企业绿色协同创新学习机制的形成方面具有突出优势。

5）不同企业所属行业差异分析

采用One-way ANOVA方法进行分析对比，发现知识势差、竞争者战略导向、动态能力、知识溢出、绿色协同创新五项因子在企业所属行业方面存在显著差异，见附录20。把显示差异的各组进行多重比较检验后，将结果综合整理，见附录21。

多重比较检验表明，各个行业在知识势差、竞争者战略导向、动态能力、知识溢出、绿色协同创新方面存在显著差异。从五项因子来看，先进轨道交通装备行业优于节能汽车与新能源汽车行业、仪器仪表行业、集成电路装备行业和成套装备行业。节能汽车与新能源汽车行业、高档数控机床行业和成套装备行业均高于仪器仪表行业。在竞争者战略导向中，成套装备行业和节能汽车与新能源汽车行业均优于集成电路装备行业。这说明先进轨道交通装备行业在促进企业绿色协同创新学习机制的形成方面具有突出优势。

5.5 结果讨论

从研究结果来看，辽宁先进装备制造企业绿色协同创新网络的学习机制共有五条路径，这五条路径体现了企业间不同的学习方式与动力，具体分析如下：

路径①表明企业知识势差会直接促使企业产生绿色协同创新。这表明辽宁地区的先进装备制造企业已经敏锐地感受到了来自市场、竞争者和行业政策的绿色化压力，这种源于国内与国外、行业内部、企业间对绿色产品、绿色工艺、绿色制造等的行业压力和市场需求，使企业间开始尝试通过组织间学习的方式来实现绿色创新知识的传递、共享和创造，并最终实现绿色创新知识结构的整合和企业间协同创新的目标。

路径②表明企业会通过竞争者战略定位促使企业间绿色协同创新的形成。这意味着辽宁先进装备制造企业在发展进程中已经敏锐地感受到与竞争者关于产品、工艺、流程等的差距，为了能够在激烈的制造业市场中胜出，突破同质企业的绿色产品在制造流程关键环节的技术壁垒，辽宁先进装备制造企业也会考虑积极开展绿色创新活动，从而突破环境规制和绿色技术壁垒获得竞争优势。

路径③表明企业会在知识势差的压力作用下通过知识溢出实现绿色协同创新。辽宁先进装备制造业企业在激烈的市场竞争中已经感受到行业内部和外部的绿色技术与知识的差异。在这种状况下，绿色化知识在行业内部开始进行有意或无意的传递，当敏感企业迅速地捕捉到绿色化知识对企业竞争力提升的促进作用时，企业就会将这些有益的绿色化知识、技术与自身原有知识进行结合，研发环保新技术、优化绿色工艺流程、创新绿色产品和服务等，并最终在整个辽宁先进装备制造业内部实现绿色协同创新。

路径④表明在知识势差的影响下企业会深刻地感受到来自行业内部绿色化的压力，从而使企业考虑竞争对手在绿色制造等方面的战略措施和发展方向，进而逐步开始提升企业自身的绿色专利技术与工艺，使其他企业难以模仿和超越，从而保持绿色化的长期竞争优势。同时，对企业内部的各类资源进行科学调整、优化与配置以适应未来绿色化发展的产业环境，并最终实现企业产品在利用式和探索式方面的绿色协同创新。

路径⑤表明在知识势差的影响下企业会深刻地感受到来自行业内部绿色化的压力，从而使企业考虑竞争对手在绿色制造等方面的战略措施和发展方向，并开始敏锐地捕捉来自优势企业的绿色化方面的新知识与新技术，并与自身发展相结合，从而实现绿色技术的利用式创新和探索式创新。

6 辽宁先进装备制造业绿色协同创新网络政策支持体系研究

鉴于企业绿色协同创新网络是一种区域循环经济模式，因此若要保证其运作流程的顺利开展以及治理的科学性、合理性，就有赖于相关部门以宏观调控和协作参与调节的方式、以政策和制度支持的手段，来推动辽宁先进装备制造业绿色协同创新网络的良性发展。基于此，本章节将通过对辽宁先进装备制造业绿色协同创新网络有效实施的政策支持体系和制度支持体系的分析构建，来确立辽宁先进装备制造业绿色协同创新网络综合治理框架体系。其相关的政策支持体系主要涉及财政支持政策、税收支持政策、金融支持政策、产业支持政策和科技支持政策。本书将从上述五个方面予以分析论述，从而搭建起辽宁先进装备制造业绿色协同创新网络的政策保障支持体系。

6.1 财政政策

对辽宁先进装备制造业而言，开展积极稳妥的财政支持政策十分必要，具体包括价格补贴和政府优先采购两种类型。

在价格补贴方面，由于辽宁先进装备制造业绿色协同创新网络中生产的产品具备绿色化的特征，其销售价格可能高于同类产品，为保护该类产品免于市场的淘汰，政府可以对其产品给予价格补贴，待产品占领市场之后，再逐步削减补贴。政府通过间接地树立起企业的绿色标杆作用，引导其他非绿色化企业尽快加入到辽宁先进装备制造业绿色协同创新网络中。同时，政府开展关于重大环保先进装备项目的补贴。由于生产型企业及其供应链上的企业在环保设备项目上先期投入较大，回收周期长，为鼓励企业对环保设备项目的引进，政府可以给予适当的财政补贴或贷款贴息，缓解企业的成本压力。

在政府优先采购方面，为扶植辽宁先进装备制造业绿色协同创新网络内企业的发展，树立行业绿色楷模，政府需要有效利用其采购职能，优先购买参与辽宁先进装备制造业绿色协同创新网络内的企业生产的产品，尤其要购买其中污染小、易于回收、可重复利用、能耗相对较低或再生性的产品。通过政府的购买行为，引导公众的绿色消费倾向，以消费带动生产，进而引导区域范围内企业的生产方向，形成经济效益与生态效益双赢的发展格局。

6.2 税收政策

6.2.1 原料获取税收政策

主要是通过辽宁先进装备制造业绿色协同创新网络内外的差异性税收来实现。在原材料选取方面，根据其外部成本、稀缺程度、环保程度、循环利用程度等指标确定不同的税收额度，对不可再生性、不可替代性、极为稀缺的资源课以重税，从原材料的获取途径方面来限制生态包袱大、非环保性材料的选取。在原材料设计方面，对生产污染小、可重复利用、易拆卸的产品的企业及负责人实行税收减免政策，鼓励该类产品的研发和创新。

6.2.2 加工制造税收政策

对企业而言，所得税也是非常重要的一项税收项目。对辽宁先进装备制造业绿色协同创新网络内的企业，尤其是生产绿色产品、进行绿色生产工艺设备研发与制造的企业可以酌情降低或减免其所得税；而对提供绿色环保技术与服务的企业与机构，如培训机构、咨询机构、科学技术转让机构等则可以下调企业所得税。在增值税方面，可以考虑对一些价格较高但环保效果较好的设备与装置实行增值税减免。

6.2.3 废弃物排放税收政策

加大对废弃物的征税力度，首先对不同类型、不同层次的污染物进行分类、分级征税；其次根据工业与民用的不同，增加对工业污染物、危险废弃物、污水排放、废气排放等的污染税率，而民用污水与废弃物的排放，应根据超出排放量的数量征收不同的税率，尤其是居民丢弃的生活垃圾，可依据垃圾数量的不同采用无差别定额税率征税。

6.3 金融政策

辽宁先进装备制造业绿色协同创新网络的稳健发展需要健康稳定的金融环境，尤其是内部企业的绿色产品的研发、工艺设备技术的引进与革新以及废弃物的处理与再生均需要政府的大力支持，并与银行金融机构通力协作才能成功实现。

6.3.1 加强银行的绿色产业资金支持

在政府的支持与引导下银行需要将更多的资金投资在节能减排、绿色产品设计与研发、生态产业园区建设、废弃物专业处理企业建设、大型环保项目及设备采购等方面，同时减少对污染性高、能耗与原材料消耗较高行业和企业的资金投入。在此基础上，各个银行根据其主流业务类型的不同，从不同的行业领域开展对先进装备制造业绿色协同创新网络内企业的支持，如国家开发银行可以重点考虑一些重点环保项目、技术、设备等方面的投资，建设银行可重点投资厂房建设与规划等领域。

6.3.2 严把银行信贷关

严格限制高污染、高能耗、高耗材产业项目的投资，对新兴的环保产业、废弃物专业处理产业以及与环保产业研发和制造相关的企业加大信贷投资力度。同时，对不同性质的产业进行差别利率投资。此外，需要根据辽宁先进装备制造业绿色协同创新网络内企业发展的实际需要，设计开发一些具有环保倾向性的信贷产品，用以推动环保技术与设备研发制造产业、资源再生产业、资源循环信息平台等的建设。在此基础上，建立动态跟踪机制，对上述信贷投资进行全程评价和风险监控，确保所投信贷资金落实到辽宁先进装备制造业绿色协同创新网络发展的相关项目中。

6.3.3 打造与培育绿色产业的资本市场

不断优化市场的投资环境，大力支持环保产业企业的融资。对已经上市的环保企业优先支持其增发新股和配股，扩大其市场融资范围；对未能上市的公司则率先支持一些具有良好发展前景的环保产业企业进行主板上市，以进一步推动该类企业扩张，并在条件允许的情况下适当降低其上市标准，缩短其上市的孵化周期。

6.4 产业政策

由于辽宁先进装备制造业绿色协同创新网络产业类型十分丰富，为了保证其有效运作，需要政府对辽宁先进装备制造业总体进行科学规划，尤其在产业布局、产业结构调整、产业内外部资源配置等方面向绿色化倾斜，合理引导先进装备制造企业绿色协同创新发展。

政府需要对辽宁先进装备制造业绿色协同创新网络内产业进行科学规划，使支柱性产业、支撑性产业、辅助性产业配比结构合理。将支柱产业的核心企业定位于绿色制造产业，在资源配置方面优先配备先进的环保工艺、技术、设备，使其具备独特的绿色竞争优势。支撑产业则是由紧密围绕支柱产业的低污染、低能耗、高再生的核心企业为中心的供应链上下游企业构成，尽管这些企业在经济上无法与支柱产业的核心企业相比，但是由于其数量众多，规模千差万别，关系错综复杂，因此它们是需要进行规划和调整的关键所在。对于这部分的企业，政府需要综合运用经济、法律以及行政手段对其产业结构进行优化，加大专业废弃物处理产业的培育力度，关注大、中、小型企业的合理配置，对保障辽宁先进装备制造业绿色协同创新网络的良好运作具有积极的现实意义。由于辅助性产业的门类更为复杂，因此规划与调整的难度更大，但其规划的核心是有效保证先进装备制造业的优化发展。鉴于此，该类产业在规划方面需要采用经济激励、政府引导等方式建立与支柱产业和支撑产业之间的链接关系，不断提高其服务品质。总体而言，辽宁先进装备制造业政策支持的核心目标是打造绿色协同创新网络内的绿色产业链条，有效推动绿色协同创新系统的网络化发展，从而在创新系统内部形成纵横交错的生态网络，保障辽宁先进装备制造业绿色协同创新的蓬勃发展。

6.5 科技政策

科学技术作为推动绿色协同创新成果产生的主要动力，对辽宁先进装备制造业的环保技术创新、绿色工艺设备改进具有十分重要的作用。因此，从科技政策入手，探讨支持辽宁先进装备制造业绿色协同创新网络的发展具有积极的现实意义。

首先，加大产学研合作的力度。在绿色科技创新成果方面，科研机构与高校是重要的孵化器，辽宁先进装备制造业与区域的科技研发机构紧密合作，在节能降耗、污染物处理、技术设备增效等方面有所突破，需要政府进一步加大投资力度，尤其对一些意义重大、先期投资高、持续时间长的风险性绿色创新研发项目予以重点扶持，并在成果论证成功后，加速其在产业中的实际应用，同时在绿色协同创新网络内有序推广，积极促进绿色科技创新成果的转化，从而形成一个高效的产学研创新系统。

其次，不断完善科技标准与法规。由于环境保护问题日益引起人们的广泛关注，目前已有的一些环保指标无法与现行的生产相匹配，而另一些本应纳入体系的环保指标却未能有效进入监控范围，更有一些标准亟待与国际接轨，这些均需要出台相应的行业标准，以便于有关机构的监督和管理。同时，科技政策本身也需要与辽宁先进装备制造业绿色协同创新网络有机整合，对重点产业和企业的研发项目给予优先支持，对有突出贡献的企业和个人也应给予相应的奖励。

主要参考文献

［1］ 陈国权．论熊彼特的“创新”思想［J］．时代金融，2011，32（11）：20-21.

［2］ 李中国，皮国萃．国家创新体系研究：进展与趋势［J］．科技管理研究，2012，32（23）：14-17.

［3］ 陈劲，阳银娟．协同创新的理论基础与内涵［J］．科学学研究，2012，30（2）：161-164.

［4］ 彭纪生，吴林海．论技术协同创新模式及建构［J］．研究与发展管理，2000，12（5）：12-16.

［5］ 许彩侠．区域协同创新机制研究——基于创新驿站的再思考［J］．科研管理，2012，33（5）：19-25，55.

［6］ 高建新．区域协同创新的形成机理及影响因素研究［J］．科技管理研究，2013，33（10）：74-78.

［7］ 袁旭梅，张旭，王亚娜．中国高新技术产业区域协同创新能力评价与分类［J］．中国科技论坛，2018，34（9）：13-21.

［8］ 贺灵．区域协同创新能力测评及增进机制研究［D］．长沙：中南大学，2013.

［9］ 臧欣昱，马永红，王成东．基于效率视角的区域协同创新驱动及影响因素研究［J］．软科学，2017，31（6）：6-9.

［10］ 唐丽艳，王国红，张秋艳．科技型中小企业与科技中介协同创新网络的构建［J］．科技进步与对策，2009，26（20）：79-82.

[11] 王海军，冯军政．生态型产学研用协同创新网络构建与机制研究——模块化视角［J］．软科学，2017，31（9）：35-39.

[12] 范群林，邵云飞，尹守军．企业内外部协同创新网络形成机制——基于中国东方汽轮机有限公司的案例研究［J］．科学学研究，2014，32（10）：1569-1579.

[13] 戚湧，王静．基于社会网络分析的产学研协同创新网络研究［J］．中国科技论坛，2015，7（11）：11-17.

[14] 张晶，许正权，张中强．生态视角下协同创新网络构建及演替研究［J］．科技进步与对策，2016，33（23）：19-24.

[15] 游达明，李志鹏，杨晓辉．高新技术企业创新网络能力对创新网络绩效的影响路径［J］．科学学与科学技术管理，2015，36（2）：70-82.

[16] 黄海霞，陈劲．创新生态系统的协同创新网络模式［J］．技术经济，2016，35（8）：31-37.

[17] 姚黎英，杨帆，于淼，等．协同创新视域下高校思政理论课教学改革创新研究［J］．中国多媒体与网络教学学报（上旬刊），2019，2（6）：67-68.

[18] 伍静．创新生态系统视角下企业跨组织技术协同创新机制研究［D］．福州：福州大学，2019.

[19] 赵烨楠，陈阳，周红，等．基于多维度创新生态系统视角推动京津冀协同创新发展的研究综述［J］．中国商论，2020，2（16）：152-153.

[20] 赵伯艳，胡亚楠．政府驱动视角下“会展+”产业协同创新发展研究［J］．天津经济，2021，8（6）：27-34.

[21] 萧浩辉．决策科学辞典［M］．北京：人民出版社，1995.

[22] 刘选会．马克思·韦伯的官僚制理论与行政效率问题反思［J］．理论导刊，2013，3（5）：58-60.

[23] 周颖洁，张长立．试析西方组织理论演变的历史逻辑［J］．现代管理科学，2007，3（5）：68-69，80.

[24] STEPHAN M. The rise of project network organizations：building core teams and flexible partner pools for inter-organizational projects［J］. Research Policy，2017，46（8）：1399-1415.

[25] 杨小凯．经济学原理［M］．北京：中国社会科学出版社，1998.

[26] 李新春．企业战略网络的生成发展与市场转型［J］．经济研究，1998（4）：70-78.

[27] 王询．论企业与市场间的不同形态［J］．经济研究，1998，7（7）：34-40.

[28] 罗仲伟．网络组织的特性及其经济学分析（上）［J］．外国经济与管理，

2000，22（6）：25-28.
[29] 石建中，康伟，李志刚．关于在线旅游企业网络组织的研究［J］．旅游论坛，2011，4（5）：48-53，73.
[30] 梅莉．基于复杂系统科学视角下的网络组织理论研究［J］．技术经济与管理研究，2015，5（12）：27-31.
[31] 盖博．基于网络组织理论的供销合作社运行机制研究［J］．合作经济与科技，2016，4（8）：10-11.
[32] 李亚光，卢彬彬．基于网络组织的研发协同创新机制研究［J］．科技管理研究，2017，37（3）：1-8.
[33] 黄晓芬，彭正银．管理者认知视角下网络组织演化的动因与模式研究：综述与展望［J］．外国经济与管理，2018，40（6）：99-115.
[34] 奚祥华，丁玲．基于企业网络理论的企业边界分析［J］．商业时代，2011，30（10）：71-72.
[35] 杨瑞龙，冯健．企业间网络及其效率的经济学分析［J］．江苏社会科学，2004，6（3）：53-58.
[36] 杨蕙馨，冯文娜．中间性组织的运行机制、组织结构及有效规模研究［C］//中国工业经济研究与开发促进会2005年会暨“产业组织与政府规制”研讨会，2005：339-351.
[37] 刘波，王彬，姚引良．网络治理与地方政府社会管理创新［J］．中国行政管理，2013，5（12）：89-93.
[38] 鄞益奋．网络治理：公共管理的新框架［J］．公共管理学报，2007，4（1）：89-96，126.
[39] 孙涛，谢东明．城郊社区结构异质性及其治理模式选择——基于网络治理视角［J］．湘潭大学学报（哲学社会科学版），2020，44（6）：15-23.
[40] 翁士洪．网络治理能力视角下的政府回应效果研究［J］．公共管理与政策评论，2020，9（3）：49-61.
[41] 韩兆柱，邢蕊．政府购买社会救助服务的网络治理模式研究［J］．电子政务，2019，10（7）：110-119.
[42] SEITZMAN B，ANANDARAJAH H. OMIC-02 Cognitive deficits and altered functional brain network organization in pediatric brain tumor patients［J］. Neuro-oncology，2021，23（1）：1-25.
[43] 邓晴晴，李二玲．基于网络组织视角的粮食产业化模式与优化路径［J］．自然资源学报，2021，36（6）：1602-1615.
[44] 林翊．利益平衡视角下家庭农场共生网络组织体系的构建［J］．台湾农业探索，2021，6（1）：21-26.

[45] 贺丹. 基于生态经济的产业结构优化研究 [D]. 武汉: 武汉理工大学, 2012.
[46] 陈凤先, 夏训峰. 浅析"产业共生" [J]. 工业技术经济, 2007, 26 (1): 54-56.
[47] 张琦. 黑龙江国有林区现代林业产业生态系统构建研究 [D]. 哈尔滨: 东北林业大学, 2016.
[48] 袁纯清. 金融共生理论与城市商业银行改革 [M]. 北京: 商务印书馆, 2002.
[49] 陆林, 於冉, 朱付彪, 等. 基于社会学视野的黄山市汤口镇旅游城市化特征和机制研究 [J]. 人文地理, 2010, 25 (6): 19-24.
[50] 张健梅. 基于循环经济的企业成本管理研究 [D]. 济南: 山东大学, 2014.
[51] 胡晓鹏. 产业共生: 理论界定及其内在机理 [J]. 中国工业经济, 2008, 26 (9): 118-128.
[52] 张萌, 姜振寰, 胡军. 工业共生网络运作模式及稳定性分析 [J]. 中国工业经济, 2008, 26 (6): 77-85.
[53] 王元亮. 基于产业共生的园区循环经济发展模式研究——以白银高新技术产业开发区为例 [D]. 兰州: 兰州大学, 2012.
[54] 王兆华, 尹建华. 生态工业园中工业共生网络运作模式研究 [J]. 中国软科学, 2005, 20 (2): 80-85.
[55] 产慧君. 基于产业共生的企业边界成长机理研究——以云南白药集团为例 [D]. 昆明: 云南财经大学, 2017.
[56] 鲍丽洁. 产业共生的特征和模式分析 [J]. 当代经济, 2011, 27 (16): 146-147.
[57] 肖忠东, 顾元勋, 孙林岩. 工业产业共生体系理论研究 [J]. 科技进步与对策, 2009, 26 (17): 45-49.
[58] 袁增伟, 毕军. 产业生态学最新研究进展及趋势展望 [J]. 生态学报, 2006, 26 (8): 2709-2715.
[59] 巩岁平, 任军号, 张宝磊. 基于能值分析的工业共生网络评价 [J]. 科技管理研究, 2010, 30 (23): 34-37.
[60] 韩峰, 杨东, 李玉, 等. 产业共生网络演化研究进展 [J]. 中国环境管理, 2019, 11 (6): 113-120.
[61] 周春花, 刘志迎. 论国外产业聚群理论的变迁 [J]. 皖西学院学报, 2002, 18 (6): 40-43.
[62] 劳埃尔, 耿勇. 产业生态学和生态工业园 [M]. 北京: 化学工业出版社,

2003.
[63] 赵秋叶，施晓清，石磊. 国内外产业共生网络研究比较述评 [J]. 生态学报，2016，36 (22)：7288-7301.
[64] 王永杰，王建军. 建立风险投资机制是青海省高技术产业发展的必然选择 [J]. 青海师范大学学报 (哲学社会科学版)，2003，44 (5)：5-7.
[65] 缪宁.《循环经济促进法》主要制度解析及完善 [J]. 企业经济，2010，30 (1)：187-189.
[66] PEARCE D W，TURNER R K. Economics of natural resources and the environment [M]. Maryland Baltimore：the Johns Hopkins University Press，1990.
[67] 韩宝平，孙晓菲，白向玉，等. 循环经济理论的国内外实践 [J]. 中国矿业大学学报 (社会科学版)，2003，5 (1)：58-64.
[68] 吴姝雨. 绿色制造文献综述 [J]. 商，2015，11 (14)：133.
[69] 冯之浚. 论循环经济 [J]. 中国软科学，2004，19 (10)：1-9.
[70] 诸大建. 从可持续发展到循环型经济 [J]. 世界环境，2000，18 (3)：6-12.
[71] 任勇，陈燕平，周国梅，等. 我国循环经济的发展模式 [J]. 中国人口·资源与环境，2005，16 (5)：141-146.
[72] 李文君，刘洁. 我国再生资源回收物流发展现状研究 [J]. 科技创新与应用，2012，2 (22)：106.
[73] 诸大建. 循环经济2.0：从环境治理到绿色增长 [M]. 上海：同济大学出版社，2009：1-34.
[74] 诸大建，朱远. 生态文明背景下循环经济理论的深化研究 [J]. 中国科学院院刊，2013，28 (2)：207-218.
[75] 李文君. 循环经济下的再生资源回收体系物流网络构建研究——以重庆市为例 [D]. 重庆：重庆交通大学，2013.
[76] 张连国. 广义循环经济学的科学范式 [M]. 北京：人民出版社，2007：3.
[77] 韩玉堂. 我国循环经济理论研究综述 [J]. 经济纵横，2008，24 (10)：122-124.
[78] 吴椒军. 论公司的环境责任 [D]. 青岛：中国海洋大学，2005.
[79] 章家恩. 农业循环经济 [M]. 北京：化学工业出版社，2010.
[80] 徐大伟，王子彦，谢彩霞. 工业共生体的企业链接关系的分析比较——以丹麦卡伦堡工业共生体为例 [J]. 工业技术经济，2005，25 (1)：63-66.
[81] 张阳. 中国工业循环经济效率综合测度及影响因素分析 [D]. 兰州：西北师范大学，2020.

[82] 黄永辉，陈东辉. 上海如何发展循环经济 [J]. 上海建设科技，2003，24 (5)：44-45.

[83] 程光辉. 实现城市垃圾处理减量化、无害化、资源化、产业化的新思路、新方法 [J]. 中国科技信息，2009，21 (3)：28.

[84] 诸大建，朱远. 生态效率与循环经济 [J]. 复旦学报（社会科学版），2005，71 (2)：60-66.

[85] 崔军. 循环经济理论指导下的现代农业规划理论探讨与案例分析 [J]. 农业工程学报，2011，27 (11)：283-288.

[86] 王晶晶. 科技创新对区域循环经济发展的影响与对策研究 [D]. 济南：山东师范大学，2019.

[87] 万程成，周葵，王超，等. 我国农业循环经济发展效率评估——基于超效率DEA模型 [J]. 数学的实践与认识，2018，48 (19)：34-45.

[88] 马晓君，李煜东，王常欣，等. 约束条件下中国循环经济发展中的生态效率——基于优化的超效率SBM-Malmquist-Tobit模型 [J]. 中国环境科学，2018，38 (9)：3584-3593.

[89] 刘俊杰，李梦柔. 转型期江苏省循环经济发展实证分析 [J]. 生态经济，2018，34 (9)：81-87.

[90] 万程成，周葵. 基于AHP-TOPSIS分析法的循环经济发展水平综合评估 [J]. 统计与决策，2018，34 (14)：124-128.

[91] LIEDER M，RASHID A. Towards circular economy implementation：a comprehensive review in context of manufacturing industry [J]. Journal of Cleaner Production，2016，115 (3)：36-51.

[92] BRESSANELLI G，PERONA M，SACCANI N. Reshaping the washing machine industry through circular economy and product-service system business models [J]. Procedia CIRP，2017，64 (3)：43-48.

[93] ZHONG S，PEARCE J M. Tightening the loop on the circular economy：coupled distributed recycling and manufacturing with recyclebot and RepRap 3-D printing [J]. Resources，Conservation and Recycling，2018，128 (1)：48-58.

[94] 佘颖，刘耀彬. 国内外绿色发展制度演化的历史脉络及启示 [J]. 长江流域资源与环境，2018，27 (7)：1490-1500.

[95] 薛伟贤，郑玉雯，王迪. 基于循环经济的我国西部地区生态工业园区优化设计研究 [J]. 中国软科学，2018，33 (6)：82-96.

[96] 齐林，邹雅迪，李飞，等. 园区循环经济系统有序度研究：基于复杂网络结构熵视角 [J]. 科技管理研究，2017，37 (22)：242-247.

[97] 肖序，陈翔．企业循环经济物质流-价值流原理与优化研究［J］．山东社会科学，2017，31（5）：153-159.

[98] 周元，王海燕，赵刚．中国区域自主创新调研报告（2006—2007）区域自主创新的理论与实践［M］．北京：知识产权出版社，2007：4-32.

[99] 王志宝，孙铁山，李国平．区域协同创新研究进展与展望［J］．软科学，2013，1（27）：1-9.

[100] COOKE P. Introduction：origins of the concept［C］．London：UCL Press，1998：2-25.

[101] DAVIES J S. Conjuncture or disjuncture? An institutional analysis of local regeneration partnerships in the UK［J］．International Journal of Urban and Regional Research，2004，28（3）：570-585.

[102] ZABALA G M，SAEZ J. Regional innovation systems：how to assess performance［J］．Regional Studies，2007，41（5）：661-672.

[103] PINTO H，GUERREIRO J. Innovation regional planning and latent dimensions：the case of the algarve region［J］．The Annals of Regional Science，2010，44（2）：315-329.

[104] 邓富民，张金光，梁学栋．基于协调度-管理熵的区域协同创新能力测度［J］．科学进步与对策，2014，31（5）：113-117.

[105] 鲁继通．京津冀区域协同创新能力测度与评价——基于复合系统协同度模型［J］．科技管理研究，2015，35（24）：165-170，176.

[106] 李美娟，魏寅坤，徐林明．基于灰靶理论的区域协同创新能力动态评价与分析［J］．科学学与科学技术管理，2017，38（8）：122-132.

[107] FEI F，HUAN L，SONG W. Can regional collaborative innovation improve innovation efficiency? An empirical study of chinese cities［J］．Growth and Change，2020，51（1）：440-463.

[108] 朱莹莹，周敏华，王晓燕．环太湖区域协同创新模式研究——以嘉兴市为例［J］．常州大学学报（社会科学版），2015，16（2）：60-66.

[109] 张旭华．区域间协同创新模式与路径研究：以闽台为例［J］．社科纵横，2017，32（12）：28-33.

[110] 崔新健，崔志新．多区域协同创新演化路径研究——构建3×3区域协同创新模式［J］．经济社会体制比较，2018，10（3）：53-62.

[111] 李小璐，霍中和，逄锦福．区域协同处置危险废物创新“绿色通道”模式——模式推广条件、市场需求与适用范围分析［J］．中国环保产业，2020，4（10）：29-32.

[112] 连俊华，李富强．城市群高质量发展的路径探究：基于区域协同创新的分

析 [J]. 价格理论与实践，2022，41 (5)：20-23.

[113] 高丽娜，蒋伏心，熊季霞. 区域协同创新的形成机理及空间特性 [J]. 工业技术经济，2014，33 (3)：25-32.

[114] 杨洁. 区域低碳产业协同创新体系形成机理及实现路径研究 [J]. 科技进步与对策，2013，31 (4)：26-29.

[115] 刘兵，张荣展，梁林. 创新要素集聚对区域协同创新的影响——政府控制的调节作用 [J]. 技术经济，2019，38 (12)：60-66，76.

[116] YANG R, CHENG T. The Impacts of production linkages on cross-regional collaborative innovations: the role of inter-regional network capital [J]. Technological Forecasting & Social Change, 2021, 170 (1): 1-33.

[117] 赵丽娅，葛晋. 京津冀协同创新助推廊坊绿色新型城镇化建设方略研究 [J]. 产业与科技论坛，2014，13 (12)：24-25.

[118] 王亚平，任建兰，程钰. 科技创新对绿色发展的影响机制与区域创新体系构建 [J]. 山东师范大学学报（人文社会科学版），2017，62 (4)：68-76.

[119] 殷阿娜，邓思远. 京津冀绿色创新协同度评估及影响因素分析 [J]. 工业技术经济，2017，36 (5)：52-60.

[120] 张仁开，周小玲. 长三角生态绿色一体化发展示范区协同创新实践与思考 [J]. 科技中国，2021，5 (8)：78-82.

[121] 石火学. 产学研结合的典型模式述评 [J]. 高等教育研究，2000，21 (3)：65-68.

[122] BJERREGAARD T. Industry and academia in convergence: micro-institutional dimensions of R&D collaboration [J]. Technovation, 2010, 30 (2): 100-108.

[123] 于江. 高技术产业集群式协同创新模式研究 [J]. 财经问题研究，2008，5 (8)：22-26.

[124] 张波. 中小企业协同创新模式研究 [J]. 科技管理研究，2010，30 (2)：5-7.

[125] 李大庆，李庆满，单丽娟. 产业集群中科技型小微企业协同创新模式选择研究 [J]. 科技进步与对策，2014，30 (24)：117-122.

[126] 曲洪建，拓石. 协同创新模式研究综述与展望 [J]. 工业技术经济，2013，32 (7)：132-142.

[127] 侯光明，景睿，王俊鹏. 系统视角下协同创新模式的实施策略研究——以新能源汽车企业为例 [J]. 经济体制改革，2021，7 (1)：115-121.

[128] 朱祖平，朱彬．基于BP神经网络的企业技术创新效果的模糊综合评价[J]．系统工程理论与实践，2003，23（9）：16-21.

[129] 陈晓红，解海涛．基于“四主体动态模型”的中小企业协同创新体系研究[J]．科学学与科学技术管理，2006，27（8）：37-43.

[130] SALMA A，RAFFAELE F. A knowledge-based view of the extending enterprise for enhancing a collaborative innovation advantage [J]. International Journal of Agile Systems and Management，2014，7（2）：116-131.

[131] 曾萍，赵冰．全面深化改革情境下的中小企业协同创新模型[J]．华南理工大学学报（社会科学版），2015，17（5）：1-8.

[132] GALLAUD D. Collaborative innovation and open innovation [M] // CARAYANNIS E G. Encyclopedia of Creativity，Invention，Innovation，and Entrepreneurship.New York：Springer，2013：236-241.

[133] 姜启军．中国纺织服装企业协同创新的动因和形成过程[J]．企业经济，2007，3（6）：37-39.

[134] 姚艳虹，夏敦．协同创新动因——协同剩余形成机理与促进策略[J]．科技进步与对策，2013，30（20）：1-5.

[135] 李兆友．技术创新主体论[M]．沈阳：东北大学出版社，2001：185-189.

[136] 水常青，郑刚，许庆瑞．影响中国大中型工业企业协同创新要素的实证研究[J]．科学学与科学技术管理，2004，25（12）：44-48.

[137] 波特．竞争优势[M]．陈丽芳，译．北京：中信出版社，2005：142-145.

[138] 饶扬德．市场、技术及管理三维创新协同机制研究[J]．科学管理研究，2008，26（4）：46-49.

[139] 解学梅．协同创新效应运行机理研究：一个都市圈视角[J]．科学学研究，2013，31（12）：1907-1920.

[140] 王进富，张颖颖，苏世彬，等．产学研协同创新机制研究：一个理论分析框架[J]．科技进步与对策，2013，30（16）：1-6.

[141] CHEN P C，HUNG H W. Collaborative green innovation in emerging countries：a social capital perspective [J]. International Journal of Operations & Production Management，2014，34（3）：347-363.

[142] ZHAO X，SUN B. The influence of chinese environmental regulation on corporation innovation and competitiveness [J]. Journal of Cleaner Production，2015，112（4）：1528-1536.

[143] 杨朝均，张广欣，毕克新．基于演化博弈视角的绿色创新产学研合作研究［J］．科技管理研究，2019，39（17）：226-233．

[144] 熊瑶．中国绿色技术协同创新网络特征及影响因素研究［D］．上海：华东师范大学，2019．

[145] 邓峰，贾小琳．高技术产业绿色技术创新的动因：内外部研发与协同创新［J］．生态经济，2021，37（1）：35-43．

[146] 吴刚龙．福建造纸企业协同创新网络与创新绩效关系研究［D］．福州：福建农林大学，2012．

[147] 吴荻．产业集群绿色协同创新网络的运作模式研究［J］．经济研究导刊，2016，4（19）：24-26，62．

[148] 中国矿产资源与材料应用创新联盟．2017中国矿业全产业链大会：集聚协同创新资源 共助矿业绿色发展［J］．中国科技产业，2017，4（12）：26-29．

[149] 曲优，关志民，叶同．基于CVaR准则的供应链协同绿色创新动态优化与协调研究［J］．工业工程与管理，2018，23（4）：62-72，80．

[150] LI Q，KANG Y，TAN L，et al. Modeling formation and operation of collaborative green innovation between manufacturer and supplier：a game theory approach［J］．Sustainability，2020，12（6）：1-20．

[151] 但斌，刘飞．绿色供应链及其体系结构研究［J］．中国机械工程，2000，28（11）：40-42．

[152] 蒋洪伟，韩文秀．绿色供应链管理：企业经营管理的趋势［J］．中国人口·资源与环境，2000，11（4）：92-94．

[153] 王能民，孙林岩，汪应洛．绿色供应链管理［M］．北京：清华大学出版社，2005．

[154] 马祖军．绿色供应链管理的集成特性和体系结构［J］．南开管理评论，2002，11（6）：47-50．

[155] 汪应络，王能民，孙林岩．绿色供应链管理的基本原理［J］．中国工程科学，2003，5（11）：82-87．

[156] 付兴方，包小兰．绿色供应链管理：现代企业的新战略模式［J］．当代经济管理，2006，28（1）：37-40．

[157] 张炎亮，何祯，李亚东．现代制造企业的绿色供应链管理功能模型研究［J］．中国地质大学学报（社会科学版），2006，52（3）：47-50．

[158] 杨光勇，计国君．构建基于三重底线的绿色供应链：欧盟与美国的环境规制比较［J］．中国工业经济，2011，29（2）：120-130．

[159] 朱庆华，阎洪．绿色供应链管理［M］．北京：科学出版社，2013．

[160] PREUSS L. Rhetoric and reality of corporate greening: a view from the supply chain management function [J]. Business Strategy and Environment, 2010, 14 (2): 123-129.

[161] MANGLA S K, KUMAR P, BARUA M K. A flexible decision framework for building risk mitigation strategies in green supply chain using SAP - LAP and IRP approaches [J]. Global Journal of Flexible Systems Management, 2014, 15 (3): 203-218.

[162] 李向东，阎洪，叶润强. 建立绿色供应链中的协调关系 [J]. 软科学，2001，15 (4): 66-69.

[163] 武春友，朱庆华，耿勇. 绿色供应链管理与企业可持续发展 [J]. 中国软科学，2001，16 (3): 67-70.

[164] 刘彬，王伟，赵金链. 论绿色供应链管理中采购供应双方的信息共享 [J]. 工业技术经济，2007，26 (6): 40-41.

[165] 葛晓敏. 基于供应链的汽车货运管理信息系统的设计 [J]. 微计算机信息，2008，25 (12): 32-33，46.

[166] 朱庆华，田一辉. 企业实施绿色供应链管理动力模型研究 [J]. 管理学报，2010，7 (5): 723-727.

[167] 曹柬. 绿色供应链核心企业决策机制研究 [D]. 杭州：浙江大学，2009.

[168] 唐连生，刁瑜. 绿色供应链的数字化实现 [J]. 物流工程与管理，2010，32 (1): 93-94，100.

[169] 金常飞，王馨. 再制造绿色供应链中企业决策与政府激励策略分析 [J]. 中国科技论坛，2012，28 (3): 74-80.

[170] 缪朝炜，伍晓奕. 基于企业社会责任的绿色供应链管理——评价体系与绩效检验 [J]. 经济管理，2009，31 (2): 174-180.

[171] 王德章，赵大伟，杜会永. 中国绿色食品产业结构优化与政策创新 [J]. 中国工业经济，2009，27 (9): 67-76.

[172] MITRA S, DATTA P P. Adoption of green supply management practices and their impact on performance: an exploratory study of Indian manufacturing firms [J]. International Journal of Production Research, 2014, 52 (7): 2085-2107.

[173] VERMA D, DIXIT R V, SINGH K. Green supply chain management: anecessity for sustainable development [J]. IUP Journal of Supply Chain Management, 2018, 15 (1): 40-58.

[174] 江世英，王春波. 药品行业绿色供应链绩效指标体系研究 [J]. 中国药房，2021，32 (16): 1932-1937.

[175] 马吉睿．绿色供应链定价决策与回收协调问题研究［D］．沈阳：东北大学，2008.

[176] 穆慧萍，郜红虎，曹飞．基于Shapley值修正的绿色供应链系统利益分配策略研究［J］．物流技术，2014，33（1）：280-282，291.

[177] 朱庆华，窦一杰．基于政府补贴分析的绿色供应链管理博弈模型［J］．管理科学学报，2011，14（6）：86-95.

[178] 凤亚红，王社良．建筑业绿色供应链构建中的博弈分析［J］．西安建筑科技大学学报（自然科学版），2010，42（5）：674-678.

[179] 张晨云．浅析绿色供应链管理的实施［J］．物流工程与管理，2011，33（1）：66-67.

[180] 徐杉．W公司绿色供应链管理研究［D］．武汉：华中科技大学，2010.

[181] 张智光．实现产业与生态互利共生的林业绿色供应链模式研究［J］．南京林业大学学报（自然科学版），2012，36（2）：3-10.

[182] 王秋良，康海贵，周鹏飞，等．建筑业绿色供应链管理模型与实施分析［J］．四川建筑科学研究，2012，38（4）：292-296.

[183] 谢婷．房地产绿色供应链构建及其合作伙伴选择研究［D］．北京：北京交通大学，2011.

[184] KERAMATI A，SHAPOURI F. Multidimensional appraisal of customer relationship management：integrating balanced scorecard and multi criteria decision making approaches［J］．Information Systems and E-business Management，2016，14（2）：217-251.

[185] JAKHAR S K.Designing the green supply chain performance optimization model［J］．Global Journal of Flexible Systems Management，2014，15（3）：235-259.

[186] 张艳丽．考虑消费者偏好和政府行为的绿色供应链定价决策研究［D］．合肥：合肥工业大学，2017.

[187] 刘广东，杨天剑，张雪梅．考虑绿色偏好和销售努力的绿色供应链定价和产品绿色度决策［J］．北京交通大学学报（社会科学版），2019，18（1）：115-126.

[188] 张璇，马志军，田东红，等．企业绿色供应链管理实践的影响因素研究——基于元分析方法的探索［J］．中国人口·资源与环境，2017，27（12）：183-195.

[189] 黄浩锋．电子商务环境下的绿色供应链管理研究［J］．现代商业，2017，12（5）：9-10.

[190] 胡丽辉，王忠伟．基于熵值修正G1-TOPSIS的家具制造业绿色供应链合作

伙伴选择［J］. 中南林业科技大学学报，2018（12）：129-135.
［191］罗兵，赵丽娟，卢娜. 绿色供应链管理的战略决策模型［J］. 重庆大学学报（自然科学版），2005，28（1）：105-109.
［192］张敏顺，吴洪波. 模糊评价方法对绿色供应链绩效的评价［J］. 科技与管理，2005，7（3）：23-26.
［193］柳键，叶影霞. DEA方法在绿色供应链绩效中的应用［J］. 工业技术经济，2008，27（1）：63-66.
［194］张琦伟. 制造型企业绿色供应链管理研究［D］. 成都：四川大学，2005.
［195］黄国青，华凤燕. 绿色供应链绩效评价的模型研究［J］. 工业工程，2007，14（1）：116-121，129.
［196］胡飞. 河南省农产品绿色供应链绩效的评价方法及应用［D］. 太原：太原理工大学，2017.
［197］张爱雪. 基于模糊层次分析法的绿色供应链绩效评价研究［D］. 昆明：昆明理工大学，2019.
［198］周立鑫. 企业绿色供应链管理对其环境绩效的影响研究——制度环境的不同作用［D］. 镇江：江苏大学，2020.
［199］祁萍. 绿色供应链下房地产供应商的选择与评价研究［D］. 西安：长安大学，2015.
［200］王天宇，张丽，谢骆乐，等. 房地产绿色供应链发展障碍与解决对策研究［J］. 住宅与房地产，2019，25（21）：9-10.
［201］李申，吴迎学. 钢铁制造业绿色逆向供应链构建研究［J］. 物流工程与管理，2012，34（1）：109-111.
［202］冀巨海，刘清丽，郭忠行. 钢铁企业绿色供应链管理绩效评价［J］. 科技管理研究，2013，33（16）：53-57.
［203］郑季良，周旋. 钢铁企业绿色供应链管理协同效应评价研究［J］. 科研管理，2017，38（1）：563-568.
［204］王玲. 基于绿色供应链的钢铁企业环境成本控制研究——以A钢铁公司为例［D］. 苏州：苏州大学，2020.
［205］JOB K A.Trends in green tire manufacturing［J］. Rubber World，2014，249（6）：32-38.
［206］张勇. 绿色制造的动力机制研究［D］. 北京：北京工业大学，2006.
［207］杨淑芳. 制造业绿色创新系统国际比较研究［D］. 哈尔滨：哈尔滨理工大学，2013.
［208］王玲玲，祝磊. 发展伦理视阈中绿色经济的实现路径［J］. 江西师范大学学报（哲学社会科学版），2013，46（4）：3-7.

[209] SRIVASTAVA S K.Green supply-chain management: a state-of-the-art literature review [J]. International Journal of Management Reviews, 2007, 9 (1): 53-80.

[210] 刘飞，张华，岳红辉．绿色制造——现代制造业的可持续发展模式［J］．中国机械工程，1998，26（6）：76-78，94.

[211] 汪劲松，段广洪，李方义，等．基于产品生命周期的绿色制造技术研究现状与展望［J］．计算机集成制造系统-CIMS，1999，5（4）：2-9.

[212] 王能民，杨彤．基于绿色制造的供应链设计［J］．制造业自动化，2001，23（4）：10-12，52.

[213] 徐勇军，张彦富，王平．绿色制造及其实施［J］．机电工程技术，2005，35（5）：21-23，99.

[214] 陶晋．我国汽车制造企业绿色制造思考［J］．国外建材科技，2006，27（6）：37-40.

[215] 曾剑锋．绿色制造下企业和供应链的决策研究［D］．南昌：江西财经大学，2015.

[216] 祖鹏阳．绿色制造对企业经济绩效的影响研究［D］．新乡：河南师范大学，2019.

[217] 吴哲．我国皮革业发展绿色制造的对策研究［D］．保定：河北大学，2015.

[218] 曹华军，王坤，陈二恒，等．未来绿色工厂［J］．航空制造技术，2018，61（12）：30-36.

[219] 曹华军，刘飞，何彦，等．面向绿色制造的机床设备选择模型及其应用［J］．机械工程学报，2004，52（3）：26-30.

[220] 刘志峰，林巨广，朱华炳，等．家电产品的回收设计［J］．机械设计与研究，2002，19（4）：45-47.

[221] 刘光复．绿色制造基本理论框架及其发展趋势［C］．合肥：安徽省装备制造业发展论坛会，2003.

[222] 袁珊珊，钟佩思，刘梅，等．机电产品的绿色制造技术研究［J］．机械设计与制造，2012，50（4）：256-258.

[223] 王能民，孙林岩，汪应洛．绿色制造模式下的供应商选择［J］．系统工程，2001，19（2）：37-41.

[224] 李海萍，向刚，高忠仕，等．中国制造业绿色创新的环境效益向企业经济效益转换的制度条件初探［J］．科研管理，2005，26（2）：46-49.

[225] 王能民，汪应洛，杨彤．绿色供应链管理的研究进展及趋势［J］．管理工程学报，2007，21（2）：118-122.

[226] 王能民，孙林岩，汪应洛．绿色制造的激励机制研究［J］．中国机械工程，2001，29（11）：106-109.

[227] 陈冲．绿色制造战略环境评价研究［D］．长春：东北师范大学，2002.

[228] 陶晋．汽车企业绿色制造的研究［D］．武汉：武汉理工大学，2006.

[229] 尚可超．基于绿色制造的采煤机齿轮新材料的研究与应用［J］．机床与液压，2011，39（4）：31-32，55.

[230] 丁丰梅，骆军军．基于绿色制造的干式切削技术的研究与应用［J］．机械设计与制造，2011，49（1）：109-111.

[231] 牛印宝，汪永超，王宇．面向绿色制造的刀具评价方案的研究［J］．组合机床与自动化加工技术，2014，56（8）：1-4.

[232] 李先广，杨勇，李聪波，等．面向绿色制造的干式齿轮加工过程碳排放分析［J］．中国机械工程，2014，25（16）：2184-2190.

[233] 程亮．面向绿色制造的车间屑/液集中处理系统设计［D］．大连：大连理工大学，2015.

[234] 曹皓楠，曹野．绿色制造技术在现代机械设计中的应用［J］．石化技术，2016，23（10）：200.

[235] GHAZILLA R A R，SAKUNDARINI N，ABDUL-RASHID S H，et al. Drivers and barriers analysis for green manufacturing practices in Malaysian SMEs：a preliminary findings［J］．Procedia CIRP，2015，26：658-663.

[236] MCAFEE K. Green economy and carbon markets for conservation and development：a critical view［J］．International Environmental Agreements：Politics，Law and Economics，2016，16（3）：333-353.

[237] SCHUH G，BRANDENBURG U，LIU Y. Evaluation of demand response actions in production logistics［J］．Procedia CIRP，2015，29：173-178.

[238] GOLZARPOOR H，GONZÁLEZ V，SHAHBAZPOUR M，et al. An input-output simulation model for assessing production and environmental waste in construction［J］．Journal of Cleaner Production，2017，100（143）：1094-1104.

[239] GOVINDAN K，DIABAT A，SHANKAR K M. Analyzing the drivers of green manufacturing with fuzzy approach［J］．Journal of Cleaner Production，2015，96（1）：182-193.

[240] ROSTAMZADEH R，GOVINDAN K，ESMAEILI A，et al. Application of fuzzy VIKOR for evaluation of green supply chain management practices

[J]. Ecological Indicators，2015，100（49）：188-203.

[241] 廖志江，高敏，廉立军．基于知识势差的产业技术创新战略联盟知识流动研究［J］．图书馆学研究，2013（1）：78-83.

[242] GRILICHES Z，HAUSUMAN J A. Errors in variables in panel data [J]. Journal of Econometrics，1986，31（1）：93-118.

[243] 刘景东，党兴华．不同知识位势下知识获取方式与突变创新的关系研究［J］．管理评论，2013，25（7）：88-98.

[244] GHISETTI C，MANCINELLI S，MAZZANTI M，et al. Financial barriers and environmental innovations：evidence from EU manufacturing firms [J]. Climate Policy，2017，17（1）：131-147.

[245] 康鑫，赵丹妮．知识势差、知识隐匿与知识进化：组织惰性的调节作用［J］．科技进步与对策，2021，38（6）：122-130.

[246] 陈伟，潘伟，杨早立．知识势差对知识治理绩效的影响机理研究［J］．科学学研究，2013，31（12）：1864-1871.

[247] 周平．集群企业战略联盟的知识生态配置研究［J］．图书馆学研究，2012（23）：13-16，22.

[248] KANG H，SONG J. Innovation and recurring shifts in industrial leadership：three phases of change and persistence in the camera industry [J]. Research Policy，2017，46（2）：376-387.

[249] 刁丽琳．合作创新中知识窃取和保护的演化博弈研究［J］．科学学研究，2012（5）：721-728.

[250] LANE P J，LUBATKIN M. Relative absorptive capacity and inter-organizational learning [J]. Strategic Management Journal，1998，19（5）：461-477.

[251] 刘景东，党兴华，谢永平．不同知识位势下知识获取方式与技术创新的关系研究——基于行业差异性的实证分析［J］．科学学与科学技术管理，2015，36（1）：44-52.

[252] YE F U，OUYANG G. Study on intellectual property problems in the cooperation among industry，university and research based on knowledge chain [J]. Science and Technology Management Research，2014，34（11）：126-131.

[253] GUAN J，LIU N. Exploitative and exploratory innovations in knowledge network and collaboration network：a patent analysis in the technological field of nano-energy [J]. Research policy，2016，45（1）：97-112.

[254] 李培林．企业知识产权战略定位及战略实施研究［J］．科技管理研究，

2014，34（16）：152-155.

[255] DAI J，CANTOR D E，MONTABON F L. How environmental management competitive pressure affects a focal firm's environmental innovation activities：a green supply chain perspective [J]. Journal of Business Logistics，2015，36（3）：242-259.

[256] 李莉，党兴华，张首魁. 基于知识位势的技术创新合作中的知识扩散研究 [J]. 科学学与科学技术管理，2007，28（4）：107-112.

[257] HONG J，ZHENG R，DENG H，et al. Green supply chain collaborative innovation，absorptive capacity and innovation performance：evidence from China [J]. Journal of Cleaner Production，2019，241（20）：1-13.

[258] 李多，董直庆. 绿色技术创新政策研究 [J]. 经济问题探索，2016（2）：49-53.

[259] 林诗琦. 中国绿色协同创新网络时空格局及影响因素分析——基于论文合著和专利联合申请数据 [D]. 上海：华东师范大学，2020.

[260] ZHAO Y，ZHANG X，JIANG W，et al. Does second-order social capital matter to green innovation? The moderating role of governance ambidexterity [J]. Sustainable Production and Consumption，2021（25）：271-284.

[261] YAN Y，GUAN J C. Social capital，exploitative and exploratory innovations：the mediating roles of ego - network dynamics [J]. Technological Forecasting and Social Change，2018（126）：244-258.

[262] 白旭云，王笑天，石晓义. 企业的知识溢出与创新绩效实证分析 [J]. 统计与决策，2020，36（10）：185-188.

[263] 王飞绒，丁仲芳，胡祝琳，等. 浙江省高新技术产业集群知识溢出的实证研究 [J]. 技术经济，2015，34（7）：5-12.

[264] 陶锋. 知识溢出、吸收能力与创新绩效——基于珠三角代工企业的实证研究 [D]. 广州：暨南大学，2009.

[265] 杨亚平. 知识溢出、吸收能力与本土供应商创新绩效——基于珠三角制造业企业的实证分析 [J]. 经济经纬，2012（2）：90-94.

[266] 吴松强，蔡文洁. 知识溢出对先进制造业集群升级的影响研究——基于企业合作的中介和政府支持的调节作用 [J]. 华东经济管理，2019，33（10）：58-65.

[267] CAIAZZA R，BELITSKI M，AUDRETSCH D B. From latent to emergent entrepreneurship：the knowledge spillover construction circle [J]. The Journal of Technology Transfer，2020，45（3）：694-704.

[268] 杨丽君. 供给侧改革视阈下中国制造业的知识溢出效应 [J]. 科研管理，2019 (10): 161-168.

[269] FAINSHMIDT S, WENGER L, PEZESHKAN A, et al.When do dynamic capabilities lead to competitive advantage? The importance of strategic fit [J]. Journal of Management Studies, 2019, 56 (4): 758-787.

[270] WILDEN R, GUDERGAN S P, NIELSEN B B, et al.Dynamic capabilities and performance: strategy, structure and environment [J]. Long Range Planning, 2013, 46 (1-2): 72-96.

[271] 吴荻，刘慧，王恩旭. 基于动态能力的旅游企业双元创新演化路径研究——以乌镇旅游股份有限公司为例 [J]. 科研管理，2020，41 (8): 202-210.

[272] WILDEN R, DEVINNEY T M, DOWLING G R. The architecture of dynamic capability research identifying the building blocks of a configurational approach [J]. Academy of Management Annals, 2016, 10 (1): 997-1076.

[273] CACCIOLATTI L, LEE S H. Revisiting the relationship between marketing capabilities and firm performance: the moderating role of market orientation, marketing strategy and organisational power [J]. Journal of Business Research, 2016, 69 (12): 5597-5610.

[274] HUNG R Y Y, YANG B, LIEN B Y H, et al.Dynamic capability: impact of process alignment and organizational learning culture on performance [J]. Journal of World Business, 2010, 45 (3): 285-294.

[275] ZHOU K Z, LI C B.How strategic orientations influence the building of dynamic capability in emerging economies [J]. Journal of Business Research, 2010, 63 (3): 224-231.

[276] REZAZADEH B, KARAMI H, KARAMI A. Technology orientation, dynamic capabilities and SMEs performance [J]. Strategic Management Quarterly, 2016, 4 (1): 41-60.

[277] JAUTUNEN A, PUUMALAINEN K, SAARENKETO S, et al.Entrepreneurial orientation, dynamic capabilities and international performance [J]. Journal of International Entrepreneurship, 2005, 3 (3): 223-243.

[278] LI Y.Environmental innovation practices and performance: moderating effect of resource commitment [J]. Journal of Cleaner Production, 2014, 66: 450-458.

[279] GOU Y, WANG L F, CHEN Y.Green entrepreneurial orientation and

green innovation: the mediating effect of supply chain learning [J]. Sage Open, 2020, 10 (1): 1-13.

[280] FANG W, TANG L, CHENG P, et al. Evolution decision, drivers and green innovation performance for collaborative innovation center of ecological building materials and environmental protection equipment in Jiangsu province of China [J]. International Journal of Environmental Research and Public Health, 2018, 15 (11): 2365.

[281] HURLEY R F, HULT G T M. Innovation, market orientation, and organizational learning: an integration and empirical examination [J]. Journal of Marketing, 1998, 62 (3): 42-54.

[282] BOS-BROUWERS H E J. Corporate sustainability and innovation in SMEs: evidence of themes and activities in practice [J]. Business Strategy and the Environment, 2010, 19 (7): 417-435.

[283] HSU C C, TAN K C, ZAILANI S H M, et al. Supply chain drivers that foster the development of green initiatives in an emerging economy [J]. International Journal of Operations & Production Management, 2013, 33 (6): 656-688.

[284] ZHOU Y, HONG J, ZHU K, et al. Dynamic capability matters: uncovering its fundamental role in decision making of environmental innovation [J]. Journal of Cleaner Production, 2018, 177: 516-526.

[285] SILAJDZIC I, KURTAGIC S M, VUCIJAK B. Green entrepreneurship in transition economies: a case study of Bosnia and Herzegovina [J]. Journal of Cleaner Production, 2015, 88: 376-384.

[286] MUANGMEE C, DACKO-PIKIEWICZ Z, MEEKAEWKUNCHORN N, et al. Green entrepreneurial orientation and green innovation in small and medium-sized enterprises (SMEs) [J]. Social Sciences, 2021, 10 (4): 136.

[287] MONTORO-SANCHEZ A, OORTIZ-DE-URBINA-CRIADO M, MORA-VALENTIN E M. Effects of knowledge spillovers on innovation and collaboration in science and technology parks [J]. Journal of Knowledge Management, 2011, 15 (6): 948-970.

[288] SIMONEN J, MCCANN P. Innovation, R&D cooperation and labor recruitment: evidence from Finland [J]. Small Business Economics, 2008, 31 (2): 181-194.

[289] KAFOUROA M I, BUCKLEY P J. Under what conditions do firms benefit

from the research efforts of other organizations? [J]. Research Policy, 2008, 37 (2): 225-239.

[290] ALMEIDA P, KOGUT B. Localization of knowledge and the mobility of engineers in regional networks [J]. Management Science, 1999, 45 (7): 905-917.

[291] CONBOY K, MIKALEF P, DENNEHY D, et al. Using business analytics to enhance dynamic capabilities in operations research: a case analysis and research agenda [J]. European Journal of Operational Research, 2020, 281 (3): 656-672.

[292] YOUSAF Z. Go for green: green innovation through green dynamic capabilities: accessing the mediating role of green practices and green value co-creation [J]. Environmental Science and Pollution Research, 2021, 28 (39): 54863-54875.

[293] SUN Y, BI K, YIN S. Measuring and integrating risk management into green innovation practices for green manufacturing under the global value chain [J]. Sustainability, 2020, 12 (2): 545.

[294] DOHAN M S, GREEN M, TAN J. The impact of healthcare informatics competencies on dynamic capabilities: a multilevel study of paramedic services [J]. Health Policy and Technology, 2017, 6 (4): 426-435.

[295] QIU L, JIE X, WANG Y, et al. Green product innovation, green dynamic capability, and competitive advantage: evidence from Chinese manufacturing enterprises [J]. Corporate Social Responsibility and Environmental Management, 2020, 27 (1): 146-165.

[296] MONFERRER D, BLESA A, RIPOLLES M. Born globals trough knowledge-based dynamic capabilities and network market orientation [J]. BRQ Business Research Quarterly, 2015, 18 (1): 18-36.

[297] LIN Y H, CHEN Y S. Determinants of green competitive advantage: the roles of green knowledge sharing, green dynamic capabilities, and green service innovation [J]. Quality & Quantity, 2017, 51 (4): 1663-1685.

[298] CAMISON C, MONFORT-MIR V M. Measuring innovation in tourism from the schumpeterian and the dynamic-capabilities perspectives [J]. Tourism Management, 2012, 33 (4): 776-789.

[299] 李行. 绿色协同与信任对制造企业绿色创新的影响：绿色知识共享的中介作用 [D]. 西安：西安理工大学，2017.

附　录

附录1　辽宁先进装备制造业绿色协同创新情况调查问卷

尊敬的女士\先生：

您好！非常感谢您百忙之中抽出宝贵的时间填写这份问卷，本问卷旨在了解贵企业在绿色协同创新网络中开展组织间学习与信任的相关情况，本问卷所填答案没有正确和错误之分，请您放心，本问卷涉及的所有问题均用于学术研究，并将对您所填的所有信息进行严格保密。您的选择对此次调查研究非常重要，请根据您或贵企业的实际情况进行填写，如您有需要，后续我们会将调查报告提供给您，衷心感谢您的支持与合作！

一、基本信息（受访者信息仅用于数据收集，不会进行任何形式的信息外泄，请放心填写）

企业名称：

姓名：

联系电话或E-mail：

请在您认为正确的选项中打“√”，以下选项均为单选。

1.贵企业的类型：

□外贸出口企业　　□内销企业　　□既出口又内销企业

2.贵企业的所有权性质是：

□国有及国有控股企业　　□私营或民营企业　　□三资企业

□其他＿＿＿＿＿＿

3.贵企业在本行业中的规模属于：

□大型　　□中型　　□小型

4.贵企业所在的位置：

□专业性工业园区　　□高新技术园区　　□经济开发区

□其他园区＿＿＿＿＿＿

5.贵企业所属行业类型：

□节能汽车与新能源汽车　　□重大成套装备　　□高档数控机床

□仪器仪表　　□先进轨道交通装备　　□集成电路装备

二、企业间组织学习情况调查（附表1-1中的不同分值代表了您对每个表述的实际感知程度，其中1为完全不符合、7为完全符合。请您在相符分值处打“√”）

附表1-1　　**企业间组织学习情况调查**

知识势差	完全不符合←——不确定——→完全符合						
1.我们拥有从多种细分市场上积累的产品或工艺的绿色／环保知识	1	2	3	4	5	6	7
2.公司研发专家包括具有环保相关专业背景的人员	1	2	3	4	5	6	7
3.我们对本行业的环保标准和法律法规非常熟悉（如ISO14000、ISO9000等）	1	2	3	4	5	6	7
4.我们已经获得了本行业绿色生产领域大量的相关知识	1	2	3	4	5	6	7

续表

竞争者战略导向	完全不符合←——不确定——→完全符合						
5. 我们会对竞争对手的绿色产品策略做出快速反应	1	2	3	4	5	6	7
6. 高层管理人员会讨论竞争对手的产品绿色化战略	1	2	3	4	5	6	7
7. 我们会关注竞争对手的绿色产品与工艺的发展动态	1	2	3	4	5	6	7
动态能力	完全不符合←——不确定——→完全符合						
8. 我们有获取环保方面新的信息和知识的机构/部门	1	2	3	4	5	6	7
9. 我们能有效地将绿色/环保知识应用到新产品中	1	2	3	4	5	6	7
10. 我们能够有效拓展绿色/环保产品开发的新知识	1	2	3	4	5	6	7
知识溢出	完全不符合←——不确定——→完全符合						
11. 客户已授权我们使用许多绿色/环保专利技术	1	2	3	4	5	6	7
12. 客户对我们的运营管理制度提出了严格要求，规定了一系列的采购标准（如ISO9000 、ISO14000、SA8000等）	1	2	3	4	5	6	7
13. 客户经常委派专家对我们进行有关绿色生产的技术指导、交流和培训	1	2	3	4	5	6	7
14. 双方经常举行有关绿色/环保方面的工作会议和交流活动	1	2	3	4	5	6	7

三、企业间组织信任情况调查（附表1-2中的不同分值代表了您对每个表述的实际感知程度，其中1为完全不符合、7为完全符合。请您在相符分值处打“√”）

附表1-2 企业间组织信任情况调查

网络嵌入	完全不符合←——不确定——→完全符合						
18.我们与学术机构（如大学、学院和研究机构）和政府机构进行广泛联系	1	2	3	4	5	6	7
19.我们与不同领域（如技术、健康、安全和环境等领域）的监管和标准制定机构的联系	1	2	3	4	5	6	7
20.我们与贸易协会、出版商和会议组织者等组织的联系	1	2	3	4	5	6	7
信任	完全不符合←——不确定——→完全符合						
21.我们的商业伙伴是诚实可靠的	1	2	3	4	5	6	7
22.我们的商业伙伴是理想的贸易伙伴	1	2	3	4	5	6	7
23.我们相信商业伙伴会遵守诺言	1	2	3	4	5	6	7
心理契约	完全不符合←——不确定——→完全符合						
24.在与我们主要合作者的关系中，他们已承诺尊重我们在双方关系中的努力	1	2	3	4	5	6	7
25.在与我们主要合作者的关系中，他们已承诺真诚地对待我们的合作关系	1	2	3	4	5	6	7
26.在与我们主要合作者的关系中，他们已承诺与我们共同建立具有合作氛围的工作环境	1	2	3	4	5	6	7
承诺	完全不符合←——不确定——→完全符合						
27.供应商伙伴公司对我们很重要	1	2	3	4	5	6	7
28.供应商伙伴公司是我们非常信赖的人／公司	1	2	3	4	5	6	7
29.供应商伙伴公司值得我们尽最大努力维持与它们的合作	1	2	3	4	5	6	7

四、企业绿色协同创新情况调查（附表1-3中的不同分值代表了您对每个表述的实际感知程度，其中1为完全不符合、7为完全符合。请您在相符分值处打“√”）

附表1-3 企业绿色协同创新情况调查

探索式创新	完全不符合←——不确定——→完全符合						
27.公司愿意接受超越现有产品和服务的绿色/环保要求	1	2	3	4	5	6	7
28.我们致力于提供新的绿色/环保产品和服务	1	2	3	4	5	6	7
29.我们定期会在新市场中寻找并接近新客户以获得绿色/环保信息	1	2	3	4	5	6	7
利用式创新	完全不符合←——不确定——→完全符合						
30.我们会不断完善现有产品的绿色/环保性能	1	2	3	4	5	6	7
31.我们会定期对现有的绿色/环保产品和服务进行小的调整	1	2	3	4	5	6	7
32.我们会扩大面向现有客户的绿色/环保产品和服务的范畴	1	2	3	4	5	6	7

附录2 信任机制中企业类型差异检验

信任机制中企业类型差异检验见附表2-1。

附表2-1 信任机制中企业类型差异检验

项目		平方和	自由度	均方	F	显著性
网络嵌入	组间	11.525	2	5.763	19.717	0.000
	组内	133.272	456	0.292		
	总计	144.797	458			

续表

项目		平方和	自由度	均方	F	显著性
信任	组间	3.176	2	1.588	14.488	0.000
	组内	49.983	456	0.110		
	总计	53.159	458			
心理契约	组间	0.483	2	0.242	2.146	0.118
	组内	51.356	456	0.113		
	总计	51.839	458			
承诺	组间	2.132	2	1.066	9.281	0.000
	组内	52.382	456	0.115		
	总计	54.514	458			
绿色协同创新	组间	2.868	2	1.434	12.618	0.000
	组内	51.816	456	0.114		
	总计	54.684	458			

附录3 信任机制中企业类型与各因子的方差分析

信任机制中企业类型与各因子的方差分析见附表3-1。

附表3-1 **信任机制中企业类型与各因子的方差分析**

潜变量	(I) field	(J) field	平均值差值(I-J)	标准误差	显著性
网络嵌入	外贸出口企业	既出口又内销企业	-.28197*	0.05518	0.000
	内销企业	既出口又内销企业	-.38724*	0.08263	0.000
信任	外贸出口企业	既出口又内销企业	-.11303*	0.03384	0.003
	内销企业	既出口又内销企业	-.23810*	0.04918	0.000
承诺	外贸出口企业	既出口又内销企业	-.14699*	0.03432	0.000
绿色协同创新	外贸出口企业	内销企业	.10130*	0.04957	0.042
		既出口又内销企业	-.11756*	0.03413	0.001
	内销企业	既出口又内销企业	-.21886*	0.04812	0.000

注：*表示平均值差值的显著性水平为0.05。

附录4 信任机制中企业所有权性质差异检验

信任机制中企业所有权性质差异检验见附表4-1。

附表4-1 信任机制中企业所有权性质差异检验

项目		平方和	自由度	均方	F	显著性
网络嵌入	组间	9.541	3	3.180	10.699	0.000
	组内	135.256	455	0.297		
	总计	144.797	458			
信任	组间	1.423	3	0.474	4.170	0.006
	组内	51.737	455	0.114		
	总计	53.160	458			
心理契约	组间	0.875	3	0.292	2.604	0.051
	组内	50.964	455	0.112		
	总计	51.839	458			
承诺	组间	0.822	3	0.274	2.321	0.075
	组内	53.692	455	0.118		
	总计	54.514	458			
绿色协同创新	组间	5.683	3	1.894	17.588	0.000
	组内	49.002	455	0.108		
	总计	54.685	458			

附录5 信任机制中企业所有权性质与各因子的方差分析

信任机制中企业所有权性质与各因子的方差分析见附表5-1。

附表5-1 信任机制中企业所有权性质与各因子的方差分析

潜变量	(I) field	(J) field	平均值差值(I-J)	标准误差	显著性
网络嵌入	国有及国有控股企业	三资企业	.44846*	0.06723	0.000
	私营或民营企业	三资企业	-.27409*	0.05498	0.000
信任	国有及国有控股企业	私营或民营企业	.19127*	0.04956	0.003
		其他企业	.24924*	0.07172	0.006
绿色协同创新	国有及国有控股企业	私营或民营企业	.29027*	0.07267	0.000
	私营或民营企业	三资企业	-.21143*	0.03604	0.000
		其他企业	-.23156*	0.05548	0.000

注：*表示平均值差值的显著性水平为0.05。

附录6 信任机制中企业规模差异检验

信任机制中企业规模差异检验见附表6-1。

附表6-1 信任机制中企业规模差异检验

项目		平方和	自由度	均方	F	显著性
网络嵌入	组间	43.443	2	21.721	97.726	0.000
	组内	101.355	456	0.222		
	总计	144.798	458			
信任	组间	2.606	2	1.303	11.755	0.000
	组内	50.553	456	0.111		
	总计	53.159	458			

续表

项目		平方和	自由度	均方	F	显著性
心理契约	组间	1.791	2	0.896	8.159	0.000
	组内	50.048	456	0.110		
	总计	51.839	458			
承诺	组间	2.964	2	1.482	13.109	0.000
	组内	51.550	456	0.113		
	总计	54.514	458			
绿色协同创新	组间	20.073	2	10.036	132.228	0.000
	组内	34.611	456	0.076		
	总计	54.684	458			

附录7 信任机制中企业规模与各因子的方差分析

信任机制中企业规模与各因子的方差分析见附表7-1。

附表7-1 **信任机制中企业规模与各因子的方差分析**

潜变量	(I) field	(J) field	平均值差值(I-J)	标准误差	显著性
网络嵌入	大型	中型	.45625*	0.04632	0.000
		小型	.85745*	0.06570	0.000
	中型	小型	.40120*	0.07089	0.000
信任	大型	小型	.22197*	0.04857	0.000
	中型	小型	.17633*	0.04968	0.002
心理契约	大型	小型	.18350*	0.05362	0.003
承诺	大型	中型	.16226*	0.03427	0.000
		小型	.16905*	0.04654	0.000
绿色协同创新	大型	中型	.30518*	0.02688	0.000
		小型	.58590*	0.04046	0.000
	中型	小型	.28072*	0.04245	0.000

注：*表示平均值差值的显著性水平为0.05。

附录8 信任机制中企业地理位置差异检验

信任机制中企业地理位置差异检验见附表8-1。

附表8-1 **信任机制中企业地理位置差异检验**

项目		平方和	自由度	均方	F	显著性
网络嵌入	组间	17.660	3	5.887	21.067	0.000
	组内	127.138	455	0.279		
	总计	144.798	458			
信任	组间	3.162	3	1.054	9.591	0.000
	组内	49.998	455	0.110		
	总计	53.160	458			
心理契约	组间	2.819	3	0.940	8.722	0.000
	组内	49.020	455	0.108		
	总计	51.839	458			
承诺	组间	1.125	3	0.375	3.197	0.023
	组内	53.389	455	0.117		
	总计	54.514	458			
绿色协同创新	组间	6.000	3	2.000	18.691	0.000
	组内	48.684	455	0.107		
	总计	54.684	458			

附录9 信任机制中企业地理位置与各因子的方差分析

信任机制中企业地理位置与各因子的方差分析见附表9-1。

附表9-1 **信任机制中企业地理位置与各因子的方差分析**

潜变量	（I）field	（J）field	平均值差值（I-J）	标准误差	显著性
网络嵌入	专业性工业园区	其他区域	.32211*	0.06067	0.000
	高新技术园区	其他区域	.43515*	0.09160	0.000
	经济开发区	其他区域	.47980*	0.06773	0.000
信任	专业性工业园区	其他区域	.17996*	0.03855	0.000
	高新技术园区	其他区域	.18868*	0.05634	0.007
	经济开发区	其他区域	.15632*	0.04291	0.002
心理契约	专业性工业园区	经济开发区	-.08421*	0.04183	0.045
		其他区域	.11715*	0.03717	0.002
	高新技术园区	经济开发区	-.16858*	0.05911	0.005
	经济开发区	其他区域	.20136*	0.04152	0.000
承诺	专业性工业园区	其他区域	.11896*	0.03879	0.002
绿色协同创新	专业性工业园区	经济开发区	-.15822*	0.03699	0.000
		其他区域	.14186*	0.03912	0.002
	高新技术园区	其他区域	.21593*	0.05396	0.001
	经济开发区	其他区域	.30008*	0.04012	0.000

注：* 表示平均值差值的显著性水平为 0.05。

附录10 信任机制中企业所属行业差异检验

信任机制中企业所属行业差异检验见附表10-1。

附表10-1 信任机制中企业所属行业差异检验

项目		平方和	自由度	均方	F	显著性
网络嵌入	组间	6.997	5	1.399	4.600	0.000
	组内	137.800	453	0.304		
	总计	144.797	458			
信任	组间	1.487	5	0.297	2.608	0.024
	组内	51.672	453	0.114		
	总计	53.159	458			
心理契约	组间	3.068	5	0.614	5.699	0.000
	组内	48.771	453	0.108		
	总计	51.839	458			
承诺	组间	3.086	5	0.617	5.437	0.000
	组内	51.428	453	0.114		
	总计	54.514	458			
绿色协同创新	组间	4.050	5	0.810	7.246	0.000
	组内	50.634	453	0.112		
	总计	54.684	458			

附录11 信任机制中企业所属行业与各因子的方差分析

信任机制中企业所属行业与各因子的方差分析见附表11-1。

附表11-1　**信任机制中企业所属行业与各因子的方差分析**

潜变量	（I）field	（J）field	平均值差值（I-J）	标准误差	显著性
网络嵌入	节能汽车与新能源汽车	先进轨道交通装备	-.32653*	0.10540	0.002
	成套装备	高档数控机床	-.22997*	0.08481	0.007
		先进轨道交通装备	-.44330*	0.10555	0.000
		集成电路装备	-.17156*	0.08027	0.033
	高档数控机床	仪器仪表	.21040*	0.09598	0.029
	仪器仪表	先进轨道交通装备	-.42373*	0.11472	0.000
	先进轨道交通装备	集成电路装备	.27174*	0.10636	0.011
信任	节能汽车与新能源汽车	先进轨道交通装备	-.16828*	0.06454	0.009
	高档数控机床	仪器仪表	.14282*	0.05877	0.015
	仪器仪表	先进轨道交通装备	-.22212*	0.07025	0.002
心理契约	节能汽车与新能源汽车	仪器仪表	.20904*	0.05407	0.000
	成套装备	仪器仪表	.22279*	0.05417	0.000
	高档数控机床	仪器仪表	.12460*	0.05710	0.030
		先进轨道交通装备	-.18971*	0.06534	0.004
	仪器仪表	先进轨道交通装备	-.31430*	0.06825	0.000
		集成电路装备	-.17281*	0.05473	0.002
	先进轨道交通装备	集成电路装备	.14150*	0.06327	0.026
承诺	节能汽车与新能源汽车	集成电路装备	.15291*	0.04876	0.030
	成套装备	集成电路装备	.17571*	0.05269	0.015
	高档数控机床	集成电路装备	.18203*	0.05080	0.007
	先进轨道交通装备	集成电路装备	.30168*	0.07300	0.002
绿色协同创新	节能汽车与新能源汽车	仪器仪表	.22184*	0.04906	0.000
		先进轨道交通装备	-.18063*	0.05694	0.029
	成套装备	仪器仪表	.22124*	0.04462	0.000
		先进轨道交通装备	-.18123*	0.05316	0.015
	高档数控机床	仪器仪表	.17966*	0.04640	0.003
		先进轨道交通装备	-.22281*	0.05466	0.001
	仪器仪表	先进轨道交通装备	-.40247*	0.05038	0.000
		集成电路装备	-.21082*	0.04870	0.000
	先进轨道交通装备	集成电路装备	.19165*	0.05663	0.015

注：*表示平均值差值的显著性水平为0.05。

附录12 学习机制中企业类型差异检验

学习机制中企业类型差异检验见附表12-1。

附表12-1 学习机制中企业类型差异检验

项目		平方和	自由度	均方	F	显著性
知识势差	组间	3.151	2	1.575	7.663	0.001
	组内	93.743	456	0.206		
	总计	96.894	458			
竞争者战略导向	组间	2.313	2	1.156	5.699	0.004
	组内	92.539	456	0.203		
	总计	94.852	458			
动态能力	组间	6.558	2	3.279	20.765	0.000
	组内	72.002	456	0.158		
	总计	78.560	458			
知识溢出	组间	8.153	2	4.076	21.329	0.000
	组内	87.153	456	0.191		
	总计	95.306	458			
绿色协同创新	组间	2.868	2	1.434	12.618	0.000
	组内	51.816	456	0.114		
	总计	54.684	458			

附录13 学习机制中企业类型与各因子的方差分析

学习机制中企业类型与各因子的方差分析见附表13-1。

附表13-1　　学习机制中企业类型与各因子的方差分析

潜变量	(I) field	(J) field	平均值差值(I-J)	标准误差	显著性
知识势差	外贸出口企业	既出口又内销企业	-.16387*	0.04591	0.000
	内销企业	既出口又内销企业	-.17085*	0.06472	0.009
竞争者战略导向	外贸出口企业	既出口又内销企业	-.12100*	0.04687	0.030
	内销企业	既出口又内销企业	-.18075*	0.06177	0.013
动态能力	外贸出口企业	既出口又内销企业	-.22709*	0.04120	0.000
	内销企业	既出口又内销企业	-.26741*	0.05793	0.000
知识溢出	外贸出口企业	内销企业	.23974*	0.07492	0.006
		既出口又内销企业	-.15521*	0.04364	0.001
	内销企业	既出口又内销企业	-.39495*	0.07107	0.000
绿色协同创新	外贸出口企业	内销企业	.10130*	0.04957	0.042
		既出口又内销企业	-.11756*	0.03413	0.001
	内销企业	既出口又内销企业	-.21886*	0.04812	0.000

注：*表示平均值差值的显著性水平为0.05。

附录14　学习机制中企业所有权性质差异检验

学习机制中企业所有权性质差异检验见附表14-1。

附表14-1　　学习机制中企业所有权性质差异检验

项目		平方和	自由度	均方	F	显著性
知识势差	组间	7.230	3	2.410	12.229	0.000
	组内	89.664	455	0.197		
	总计	96.894	458			
竞争者战略导向	组间	2.561	3	0.854	4.209	0.006
	组内	92.290	455	0.203		
	总计	94.851	458			

续表

项目		平方和	自由度	均方	F	显著性
动态能力	组间	3.815	3	1.272	7.741	0.000
	组内	74.745	455	0.164		
	总计	78.560	458			
知识溢出	组间	2.951	3	0.984	4.847	0.002
	组内	92.354	455	0.203		
	总计	95.305	458			
绿色协同创新	组间	5.683	3	1.894	17.588	0.000
	组内	49.002	455	0.108		
	总计	54.685	458			

附录15　学习机制中企业所有权性质与各因子的方差分析

学习机制中企业所有权性质与各因子的方差分析见附表15-1。

附表15-1　**学习机制中企业所有权性质与各因子的方差分析**

潜变量	(I) field	(J) field	平均值差值(I-J)	标准误差	显著性
知识势差	国有及国有控股企业	私营或民营企业	.35231*	0.08267	0.001
	私营或民营企业	三资企业	-.24561*	0.04879	0.000
竞争者战略导向	国有及国有控股企业	私营或民营企业	.27615*	0.06642	0.001
动态能力	国有及国有控股企业	私营或民营企业	.25166*	0.07682	0.017
	私营或民营企业	三资企业	-.17179*	0.04498	0.001
		其他企业	-.18196*	0.04890	0.002
知识溢出	私营或民营企业	三资企业	.16768*	0.04947	0.001
绿色协同创新	国有及国有控股企业	私营或民营企业	.29027*	0.07267	0.000
	私营或民营企业	三资企业	-.21143*	0.03604	0.000
		其他企业	-.23156*	0.05548	0.000

注：*表示平均值差值的显著性水平为0.05。

附录16 学习机制中企业规模差异检验

学习机制中企业规模差异检验见附表16-1。

附表16-1 学习机制中企业规模差异检验

项目		平方和	自由度	均方	F	显著性
知识势差	组间	41.217	2	20.609	168.790	0.000
	组内	55.676	456	0.122		
	总计	96.893	458			
竞争者战略导向	组间	12.236	2	6.118	33.768	0.000
	组内	82.616	456	0.181		
	总计	94.852	458			
动态能力	组间	15.908	2	7.954	57.892	0.000
	组内	62.652	456	0.137		
	总计	78.560	458			
知识溢出	组间	20.836	2	10.418	63.794	0.000
	组内	74.470	456	0.163		
	总计	95.306	458			
绿色协同创新	组间	20.073	2	10.036	132.228	0.000
	组内	34.611	456	0.076		
	总计	54.684	458			

附录17 学习机制中企业规模与各因子的方差分析

学习机制中企业规模与各因子的方差分析见附表17-1。

附表17-1 **学习机制中企业规模与各因子的方差分析**

潜变量	(I) field	(J) field	平均值差值(I-J)	标准误差	显著性
知识势差	大型	中型	.46748*	0.03463	0.000
		小型	.81926*	0.04546	0.000
	中型	小型	.35178*	0.05092	0.000
竞争者战略导向	大型	中型	.25600*	0.04157	0.000
		小型	.44539*	0.06310	0.000
	中型	小型	.18940*	0.06553	0.014
动态能力	大型	中型	.25490*	0.03658	0.000
		小型	.53063*	0.05218	0.000
	中型	小型	.27573*	0.05527	0.000
知识溢出	大型	中型	.29794*	0.03791	0.000
		小型	.60418*	0.06624	0.000
	中型	小型	.30625*	0.06830	0.000
绿色协同创新	大型	中型	.30518*	0.02688	0.000
		小型	.58590*	0.04046	0.000
	中型	小型	.28072*	0.04245	0.000

注：*表示平均值差值的显著性水平为0.05。

附录18 学习机制中企业地理位置差异检验

学习机制中企业地理位置差异检验见附表18-1。

附表18-1 学习机制中企业地理位置差异检验

项目		平方和	自由度	均方	F	显著性
知识势差	组间	7.522	3	2.507	12.765	0.000
	组内	89.372	455	0.196		
	总计	96.894	458			
竞争者战略导向	组间	6.284	3	2.095	10.761	0.000
	组内	88.568	455	0.195		
	总计	94.852	458			
动态能力	组间	8.830	3	2.943	19.206	0.000
	组内	69.730	455	0.153		
	总计	78.560	458			
知识溢出	组间	8.691	3	2.897	15.219	0.000
	组内	86.615	455	0.190		
	总计	95.306	458			
绿色协同创新	组间	6.000	3	2.000	18.691	0.000
	组内	48.684	455	0.107		
	总计	54.684	458			

附录19 学习机制中企业地理位置与各因子的方差分析

学习机制中企业地理位置与各因子的方差分析见附表19-1。

附表19-1　学习机制中企业地理位置与各因子的方差分析

潜变量	(I) field	(J) field	平均值差值(I-J)	标准误差	显著性
知识势差	专业性工业园区	经济开发区	-.20507*	0.05376	0.000
		其他区域	.13688*	0.05420	0.007
	高新技术园区	其他区域	.20830*	0.05876	0.006
	经济开发区	其他区域	.34196*	0.05308	0.000
竞争者战略导向	专业性工业园区	其他区域	.17614*	0.05312	0.006
	经济开发区	其他区域	.30828*	0.05379	0.000
动态能力	专业性工业园区	经济开发区	-.12351*	0.04630	0.048
		其他区域	.22436*	0.04772	0.000
	高新技术园区	其他区域	.28388*	0.04839	0.000
	经济开发区	其他区域	.34787*	0.04989	0.000
知识溢出	专业性工业园区	高新技术园区	-.17996*	0.07464	0.016
		其他区域	.21519*	0.04941	0.000
	高新技术园区	其他区域	.39515*	0.07432	0.000
	经济开发区	其他区域	.29332*	0.05519	0.000
绿色协同创新	专业性工业园区	经济开发区	-.15822*	0.03699	0.000
		其他区域	.14186*	0.03912	0.002
	高新技术园区	其他区域	.21593*	0.05396	0.001
	经济开发区	其他区域	.30008*	0.04012	0.000

注：*表示平均值差值的显著性水平为0.05。

附录20　学习机制中企业所属行业差异检验

学习机制中企业所属行业差异检验见附表20-1。

附表20-1　　学习机制中企业所属行业差异检验

项目		平方和	自由度	均方	F	显著性
知识势差	组间	3.108	5	0.622	3.002	0.011
	组内	93.785	453	0.207		
	总计	96.893	458			
竞争者战略导向	组间	6.179	5	1.236	6.313	0.000
	组内	88.673	453	0.196		
	总计	94.852	458			
动态能力	组间	5.365	5	1.073	6.641	0.000
	组内	73.195	453	0.162		
	总计	78.560	458			
知识溢出	组间	5.538	5	1.108	5.590	0.000
	组内	89.768	453	0.198		
	总计	95.306	458			
绿色协同创新	组间	4.050	5	0.810	7.246	0.000
	组内	50.634	453	0.112		
	总计	54.684	458			

附录21　学习机制中企业所属行业与各因子的方差分析

学习机制中企业所属行业与各因子的方差分析见附表21-1。

附表21-1　学习机制中企业所属行业与各因子的方差分析

潜变量	(I) field	(J) field	平均值差值(I-J)	标准误差	显著性
知识势差	节能汽车与新能源汽车	仪器仪表	.20322*	0.06304	0.023
竞争者战略导向	节能汽车与新能源汽车	仪器仪表	.28364*	0.07291	0.000
		集成电路装备	.19883*	0.06423	0.002
	成套装备	仪器仪表	.23560*	0.07305	0.001
		先进轨道交通装备	-.18159*	0.08467	0.033
		集成电路装备	.15079*	0.06439	0.020
	高档数控机床	仪器仪表	.17906*	0.07699	0.020
		先进轨道交通装备	-.23813*	0.08810	0.007
	仪器仪表	先进轨道交通装备	-.41719*	0.09203	0.000
	先进轨道交通装备	集成电路装备	.33238*	0.08532	0.000
动态能力	节能汽车与新能源汽车	仪器仪表	.27522*	0.06624	0.000
		先进轨道交通装备	-.17794*	0.07682	0.021
	成套装备	仪器仪表	.18784*	0.06637	0.005
		先进轨道交通装备	-.26533*	0.07693	0.001
	高档数控机床	仪器仪表	.21363*	0.06995	0.002
		先进轨道交通装备	-.23953*	0.08004	0.003
	仪器仪表	先进轨道交通装备	-.45317*	0.08361	0.000
		集成电路装备	-.18620*	0.06704	0.006
	先进轨道交通设备	集成电路装备	.26697*	0.07751	0.001
知识溢出	节能汽车与新能源汽车	仪器仪表	.27901*	0.07500	0.004
	成套装备	先进轨道交通装备	-.24864*	0.06861	0.007
	高档数控机床	仪器仪表	.31034*	0.06800	0.000
	仪器仪表	先进轨道交通装备	-.40455*	0.07289	0.000

续表

潜变量	(I) field	(J) field	平均值差值(I-J)	标准误差	显著性
绿色协同创新	节能汽车与新能源汽车	仪器仪表	.22184*	0.04906	0.000
		先进轨道交通装备	-.18063*	0.05694	0.029
	成套装备	仪器仪表	.22124*	0.04462	0.000
		先进轨道交通装备	-.18123*	0.05316	0.015
	高档数控机床	仪器仪表	.17966*	0.04640	0.003
		先进轨道交通装备	-.22281*	0.05466	0.001
	仪器仪表	先进轨道交通装备	-.40247*	0.05038	0.000
		集成电路装备	-.21082*	0.04870	0.000
	先进轨道交通装备	集成电路装备	.19165*	0.05663	0.015

注：*表示平均值差值的显著性水平为 0.05。

关键词索引